고백
Confession

고백의
기적과
신 비

고백 Confession
고백의 기적과 신비

2016년 10월 25일 · 제1판 1쇄 발행

지은이 | 진재혁
펴낸이 | 이요섭
펴낸데 | 요단출판사
        07238 서울특별시 영등포구 국회대로 76길 10
기 획 | (02)2643-9155
영 업 | (02)2643-7290~1   Fax (02)2643-1877
등 록 | 1973. 8. 23. 제13-10호

ⓒ 요단출판사 2016

기   획 | 류정선
편   집 | 이성준
디 자 인 | 표지·지구촌교회 홍보기획팀 / 내지·서경화
제   작 | 신상현
영   업 | 김승훈 김창윤 이대성 정준용 이영은 김진아 김경혜 최우창 백지숙
인터넷서점 | 유세근

값 11,500원
ISBN 978-89-350-1623-5 03230

이 책의 한국어판 저작권은 요단출판사가 소유하고 있습니다.
출판사의 사전 승인 없이 책의 내용이나 표지 등을 복제, 인용할 수 없습니다.

요단인터넷서점 www.jordanbook.com

고백
Confession

| 고백의 |
| 기적과 |
| 신 비 |

진재혁 지음

요단

 프롤로그

감정을 바라보는 우리의 자세

인기 만화를 각색한 〈미생〉(2014 방영)이란 드라마는 우리 사회에 많은 화두를 던졌다. 직장인들의 애환을 그린 이 드라마는 젊은 청춘들의 모습을 통해 개개인의 다양한 심리와 욕망과 좌절을 정확하게 묘사하여 특히 젊은 세대에게 인기가 많았다. 드라마에 등장하는 직장인들의 모습을 보면, 업무 외적으로 마음이 포근하고 정이 넘치는 사람도 있었고, 오직 일에 몰두하며 파묻혀 지내는 사람도 있었다. 이들 가운데 조직에서 인정받는 사람은 오직 목표 달성과 업무 성과만 생각하고 자신을 던져 일하는 사람들이다.

물론 드라마 구성에 따른 극적 효과와 재미를 주기 위한 요소도 있겠지만, 실제 현실 사회도 크게 다를 바가 없다. 조직의 '목표 달성'을 최고 가치와 우선순위로 여기고 성과를 위한 판단 기준만 작동한다. 개개인의 업무 외적인 상황을 반영하지 않는다. 심지어 직장 동료에 대한 배려, 개인의 희생도 고려하지 않고 흔히 말하는 눈물도 국물도 없다. 아울러 '정'과 같은 사적 감정은 중요하지가 않다. 조직과 성과를 우선하기 때문에 개인의 환경과 감정은 배제 당한다.

그러나 이것은 잘못된 관점이다. 감정이 있기에 더 풍요롭고 화목한 조직이 될 수 있다. 서로 웃고 배려하며 화를 내고 푸는 과정 속에서 관계는 깊어지고 사람사는 향기를 느낄 수 있기 때문이다. 이 모든 것이 감정이 있기에 가능한 일이다.

감정은 영적인 성장을 풍요롭게 해준다. 성경의 많은 신앙인물들은 감정 고백을 통해 더욱 성숙해졌다. 자신이 번민하고 고민하고 괴로워하는 심정을 하나님 앞에 내려놓고 고백했던 과정이 있었기에 그들은 '비로소 하나님을 눈으로도 봅니다'라는 성숙한 단계에 이를 수 있었다.

무엇보다 하나님 앞에 자신의 솔직한 감정을 고백하는 것이 중요하다. 그래서 자신의 감정을 제대로 바라볼 수 있는 과정이 필요하다. 대부분의 사람들은 자신의 감정 상태를 제대로 모르는 경우가 많다. 오히려 어린 아이들은 표현은 서툴러도 자신의 감정을 있는 그대로 나타낸다. 싫든 좋든 꾸미지 않고 솔직한 표현을 한다.

감정 표현을 제대로 못했다고 생각하면 울음을 터트려 자신을 드러내고 인정받는다. 그러나 어른이 되어가면서 자기감정을 스스로 보지 못하기 때문에 일도, 삶도 힘들게 된다.

시편 기자들은 자신의 감정을 제대로 바라보는 훈련이 되어 있었다. 시편을 살펴보면 그들은 자신이 어떤 상태에 있는지 정확하게 하나님께 고백함으로 깊은 감정의 골짜기에서 벗어날 수 있었다. 하나님은 우리와의 친밀한 관계와 대화를 통해 해결해가고 싶어 하신다. 해결의 열쇠가 하나님께 있기에 감정의 고백은 그래서 더욱 필요하다. 또한 자신이 느끼는 감정을 그대로 수용할 줄 알아야 한다.

내면의 감정 그대로를 하나님 앞에 가져가는 과정에서 중요한 것은 자신의 감정을 수용하는 것이다. 내면에서 일어난 감정을 수용하는 과정에서 주님은 전인적으로 도움을 베푸신다. 조니 에릭슨 타다(Joni Eareckson Tada, 1949년생)란 여성이 있다. 1967년 7월 여름 하순, 꿈 많고 예쁜 열여섯 살의 그녀는 호수에서 다이빙을 하였다. 그러나 수심이 얕은 곳에 있는 바위에 머리를 부딪쳐 전신마비가 되었다. 적극적이고 생기발랄했던 그녀는 자신의 장애를 받아들일 수 없었다. 살아도 산목숨이 아니었다. 삶 자체가 오히려 고통이었다. 부정적인 생각과 우울감에 사로잡힌 그녀는 자살에 필요한 약을 친구에게 부탁하였다. 고통과 분노, 비통함이 절정에 이르렀을 때 하루는 친구가 이런 말을 해주었다.

"조니, 예수님께서 네가 느끼는 것을 아신단다. 전신이 마비된 사람이 너 혼자는 아니란 말야. 예수님도 마비되었으니까!"

처음엔 친구의 말이 이해되지 않았다. 그러나 이어지는 친구의 설명에 마음의 문이 열렸다.

"조니, 사실이야 생각해봐. 그분은 십자가에 못 박혔었지. 그분의 등은 우리가 상상할 수 없는 고통을 받았어. 채찍에 맞을 때마다 고통이 온몸을 감쌌고. 아파서 찢어지는 것 같았어. 아마 예수님도 움직이고 싶으셨을 것이 틀림없어. 자세를 좀 바꾸려고 몸에 힘을 주어도 움직일 수가 없었지. 조니, 그분은 네 고통을 아신단다."

이 말이 그녀를 변화시켰다. 예수님도 자신과 같은 경험을 하셨고, 같은 감정을 느끼셨다고 생각하는 순간, 자신을 옥죄던 감정을 수용할 수 있었다. 따라서 생각의 변화가 일어났고 삶의 뚜렷한 방향이 보이기 시작했다. 예수님도 자신과 똑같이 신체적인 고통을 당하셨을 뿐 아니라 뼈를 깎는 듯한 감정을 그대로 받아들이셨을 것을 떠올리니 온몸에 환희가 짜릿하게 느껴졌다. 부정적인 감정을 수용하게 되자 이제까지 한 번도 느껴본 적이 없는 자유함이 찾아온 것이다.

그 후 그녀는 자기의 몸에서 유일하게 움직일 수 있는 입으로 그림을 그리거나 글을 써서 세상과 소통해 나가기 시작했다. 죽고 싶은 비참한 감정에 사로잡혀 살던 그녀가 이제는 긍정적인 삶의 수호자가 된 것이다. 예수님이 통로가 되어주었고 자신의 감정을 수용함으로 인해 일어난 기적이었다. 이처럼 주님은 우리의 내면에 안고 있는 나쁜 감정들을 적극적으로 수용할 수 있도록 통로가 되어 주신다.*

그녀는 지금까지 여러 베스트셀러를 저술하여 많은 사람들에게 위로와 기적의 메시지를 전달하고 있으며, 방송을 통해 복음전도자의 삶을 힘차게 살고 있다. 심지어 특수자동차를 운전하며 중증 신체장애를 떨쳐버렸다. 1979년에는 그녀의 삶을 다룬 영화 〈조니〉(Joni)가 제작되어 영미권 신앙인들에게 큰 도전을 주었다. 오래 전에 러시아를 방문하여 예배를 드리고 간증을 마친 그녀를 만난 적이 있다. 그때 그녀에게 다가오는 수많은 장애인들을 바라보며 하나님께 감사한 기억이 난다.

* 참조 : 「하나님 내 마음이 상할 때 어디에 계셨습니까?」 필립 얀시 지음, 엠마오 출판사

우리는 어떤 상황이든지 받은 은혜를 생각하고 감정을 수용해야 한다. 그렇지 않으면 용서할 줄 모르는 종처럼 놀라운 은혜와 사랑, 영원한 안식을 깨버리는 결과를 초래할 수 있기 때문이다(마 18:21-35). 그러므로 내면에서 일어나는 감정을 솔직하게 하나님께 고백해야 한다. 자기 감정을 그대로 인정하지 않으면 마음의 쓴뿌리를 뽑지 못한다. 판단하고 따지고 회피하는 것보다 있는 그대로를 인정하는 자세와 감정수용 과정이 필요하다. 그렇다면 이제 우리의 정신과 영혼을 움직이는 여러 가지 감정을 살피고, 그것을 어떻게 바라보고 받아들여야 할지, 그리고 주님 앞에 어떻게 고백해야 하는지 들여다보자.

차 례

고백
Confession

□ 프롤로그 : 감정을 바라보는 우리의 자세　　• 4

Ⅰ. 나를 주저앉히는 감정 고백　　• 14

Chapter 1. 외로움 – 누구나 혼자다
외로움의 공격　　• 16
외로움을 일으키는 것　　• 20
외로움에서 승리하기　　• 26
관계회복 뒤에 극복되는 외로움　　• 30

Chapter 2. 죄책감 – 나 때문에…
죄의 무게　　• 35
죄책감의 공격　　• 38
죄책감을 향한 따뜻한 위로　　• 42

Chapter 3. 수치 – 나를 숨기고 싶은 마음
몹시 부끄러운가요?　　• 48
수치심의 병적인 요소　　• 51
있는 그대로 고백하라　　• 56
자신을 오픈하라　　• 59

| 고백의 |
| 기적과 |
| 신　비 |

Chapter 4. 우울 – 삶이 우울하다
　더 이상 삶이 아름답지 않다?　　　　　　· 62
　우울감의 위협　　　　　　　　　　　　　· 67
　믿음의 회복으로 우울증을 건져내라　　　· 72
　희망의 아이콘을 꿈꿔라　　　　　　　　· 75

Ⅱ. 관계로 인해 꼬이는 감정 고백　　　· 80

Chapter 5. 질투 – 지금은 질투 중
　질투는 나의 힘?　　　　　　　　　　　　· 82
　질투의 끝　　　　　　　　　　　　　　　· 85
　질투는 나의 힘? 나의 함정이다　　　　　· 91
　질투에서 벗어나기 – 질투의 대상을
　　　　　　　　　사랑의 대상으로 바꾸기　· 93

Chapter 6. 억울 – 이렇게 억울할 수가
　억울한 심정　　　　　　　　　　　　　　· 100
　억울한 사람, 더 억울한 사람　　　　　　· 104
　억울함에서의 승리　　　　　　　　　　　· 108

차례 고백 *Confession*

Chapter 7. **분노** – 파괴적 감정 앞에서
화가… 난다!! • 115
분노의 영적 파괴력 • 120
분노 뒤에 숨은 진짜 문제 바라보기 • 127
해가 지기 전 용서하라 • 132

Chapter 8. **의무** – 하고 싶은 마음, 해야 하는 마음 사이에서
하고 싶어, 해야 해! • 138
과도한 의무감의 결과 • 142
'나'를 다시 사랑하기 • 145

Ⅲ. 상황으로부터 흔들리는 감정 고백 • 152

Chapter 9. **두려움** – 공포의 또 다른 이름, 두려움
두려움이 밀려올 때 • 154
두려움이 보내는 신호 • 158
두려움, 꺼져(OUT) • 162

고백의 기적과 신비

Chapter 10. 걱정 – 오만 가지 걱정에 둘러싸인 우리들
걱정없는 게 걱정이다? • 169
걱정의 공격 • 171
내일의 염려가 아닌 오늘의 축복을 • 175
걱정을 기도로 바꾸는 지혜 • 180

Chapter 11. 불안 – 좌불안석의 불안함
미래로의 접근불가, 불안감 • 185
불안의 불명확성 • 188
불안함에서 벗어나는 영적 원리 • 190

Chapter 12. 절망 – 마음이 상한 이들
절망한 사람들의 모습 • 196
낙심의 공격 • 200
긍휼을 통해 낙심에서 벗어나기 • 205
신실하심의 위로 • 210

□ **에필로그** : 고백이 가져온 기적 • 213

I

나를 주저앉히는 감정 고백

감정이 풀리지 않으면 에너지가 소모된다.
생각이 제한되고 판단도 어려워진다.
그만큼 진짜 자기 감정에 귀를 기울여야 한다.
특히 끊임없이 공격당하는 내면의 감정에 반응하라.
그리고 고백하라.

Chapter 1
외로움 - 누구나 혼자다

외로움의 공격

"당신은 언제 가장 외로움을 느끼십니까?"

텔레비전 프로그램에서 주부들을 대상으로 한 질문이다. 가장 많은 답변 3위는 '한껏 예쁘게 꾸몄지만 갈 데가 없을 때'라는 대답이 나왔고, 2위는 '속상한 데 말할 곳이 없을 때'였으며, 1위는 '남편과 함께 있는 데도 허전함이 느껴질 때' 가장 외롭다고 응답했다.

일반인에게도 물었다. 언제 외로움을 느끼냐는 질문에 '늦은 저녁 집에 들어오니 아무도 없을 때', '혼자 밥 먹을 때', '좋은 일이 있는 데도 딱히 말할 사람이 없을 때'라고 대답하지만, 그보다 '사람들과 함께 있어도 마음이 불편할 때'처럼 군중 속에서 고독을 느끼는 순간에 외로움이 폭발한다고 했다.

　우리 삶에서 피할 수 없는 세 가지가 있다. 하나는 '죽음'이고, 다른 하나는 이 사회에 살면서 내야 할 '세금'이며, 또 하나는 피할 수 있을 것 같은데 피할 수 없는 '외로움'이다. 감정을 표현하는 단어 '외로움'의 사전적 의미는 '혼자가 되어 적적하고 쓸쓸한 느낌'이라고 설명하고 있다. 그럼에도 군중 속에서 고독을 느끼는 걸 보면 외로움의 전제조건은 없는 것 같다. 사실 우리가 사는 세상을 들여다보면 실시간으로 지구 반대편 소식을 접할 수 있을 정도로 유비쿼터스화(Ubiquitious Network, 시간과 장소에 구애받지 않고 언제나 네트워크에 접속할 수 있는 통신 환경)되었다. 언제든지 온라인으로 만날 수 있고 마음만 먹으면 어떻게든 대면할 수 있는 장치가 많다.
　그럼에도 불구하고 외로움을 떨쳐버릴 수 없다. 평생 배필과 가족, 돈독한 친구, 많은 지인들이 있어도, 불현듯 찾아오는 외로움은 해결되지 않는다. 화려한 조명과 군중 속에 둘러싸인 연예인 역시 밀려오는 외로움을 감당하지 못해 가끔 극단적인 행동을 하는 경우가 얼마나 많은가?

　외로움이란 감정은 누군가 함께 있을 때도 혼자 있을 때도 수시로 공격한다. 학자들은 말한다. 인간은 누구나 혼자이며 고독한 존재라고. 외로움은 그 누구라도 빗겨가지 않는다. 우리가 잘 아는 한국의 대표적인 문화비평가이며, 초대문화부장관을 지낸 이어령 교수도 외로움을 피해가지 못했다. 다행히 그는 이 외로움을 통해 하나님을 영접하는 계기가 되었다. 젊은 시절 기독교를 향해 서슬 퍼런 독설을 대놓고 날렸던 그가 일흔넷이라는 나이에 세례를 받게 된 이유를 그의 저서 「우물을 파는 사람」에서 이렇게 적었다.

"명예 달라면서 글을 썼더니 명예가 생겼더라. 돈 벌려고 애쓰니깐 되더라. 또 병 때문에 병원 다니니깐 나아지더라. 그런데 어느 날 너무도 외로워서 극장에 가서 영화를 봐도, 내가 좋아하는 글을 봐도 마음은 채워지지 않고 '이 세상에 나 혼자구나'라고 느껴졌다. 절대 고독을 느낄 때 즉 영혼이 갈구할 때 목마를 때 수돗물이든, 1급수든, 2급수든, 보통 물로는 채울 수 없는 갈증을 느낄 때 어디로 가는가? 외로움 절대 고백, 하나님 없이는 채울 수 없는 빈 공간, 그것 때문에 하나님을 찾게 되었다."

그는 외로움이라는 지독한 감정에 시달리다가 결국 하나님을 만나게 되었고 그 하나님을 전하는 사람이 되었다. 외로움은 믿음의 사람이더라도 피해갈 수 없는 일이다.

어느 주일, 남편이 아내에게 교회 가기 싫다는 말을 했다. 교인들이 자기를 싫어하는 것 같기 때문에 교회를 가면 외로움이 커진다는 것이다. 그때 아내가 설득을 했다.

"주일은 반드시 지켜야 할 신앙인의 의무입니다. 모두가 당신을 싫어하는 건 아니에요. 좋아하는 사람도 있답니다. 그리고 마지막 이유가 제일 중요한데요, 당신은 담임목사잖아요. 가서 설교를 해야죠."

믿음 안에 사는 사람들도 외롭다. 실제 예수님도 외로우셨다. 수많은 사람들이 몰려와 주님을 왕으로 세우고자 했을 때 "인자는 머리 둘 곳이 없다"(마 8:20; 눅 9:58)는 말씀으로 외롭고 쓸쓸한 감정을 표현하셨다. 또한 따르던 많은 사람들이 예수님의 영생에 대한 말씀을 깨닫지 못하고 멀리하게 되었다. 그때 예수님은 열두 제자들에게 "너희도 가려느냐?"(요 6:67)고 물으시며 외롭고 섭섭한 속내를 드러내셨다.

감정은 크게 희(喜), 노(怒), 애(哀), 락(樂)으로 분류하고, 그에 따른 수많은 요소들로 설명한다. 그중 외로움은 존재의 근원적 문제와 깊은 연관이 있다. 실존적 외로움은 관계의 감정이기 때문에 신앙에 있어서도 병폐를 낳기도 한다. 영적인 외로움은 결국 혼자일 수밖에 없다는 사실 앞에서 자신을 초라하게 만든다. 인생길에서 어느 누구도 함께하는 사람이 없다는 생각으로 자신을 평가하기 때문에, 영적인 외로움은 파장이 커진다. 자신을 가두고 옥죄어 절망에 빠지게 되어 분노로 변질되기도 한다. 그래서 테레사(Mother Teresa) 수녀는 '외로움은 현대인의 한센(문둥)병이다'라고 하였다. 자신이 병든 것을 말하지 않는 것처럼 현대인들은 외로움이라는 병을 감추고 마치 외롭지 않은 것처럼 포장하기에 그 심각성은 자신을 파괴하는 폭발성을 가진다.

외로움을 한번 느끼기 시작하면 마음의 방파제가 그냥 무너져 버리는 경우가 많아서 외로움을 견디지 못해 생명을 끊는 경우도 있다. 또한 정서적으로 얼마나 피폐해지는지 모른다. 외로움을 느낄 때 뇌의 반응 역시 실제 육체에 고통을 가할 때 일어나는 반응과 똑같다고 한다. 이로 인해 발생하는 사회적 문제가 얼마나 심각한가?

외로움을 일으키는 것

영국의 탐미주의 시인이며 젊은 시절에 요절한 브루크(Rupert

Brooke)가 미국 여행에 나섰다. 유난히 외로움을 탔던 그는 누구의 배웅도 없이 먼 길을 떠나는 것이 싫었다. 그는 부두에서 놀고 있던 한 소년을 불렀다. 그리고 6실링의 돈을 쥐어주며 "내가 저 배를 타고 떠날 때 나를 보고 손을 흔들어 줄 수 있겠니?"라고 부탁을 했다. 그러나 누군가 자신을 배웅해주면 외롭지 않을 거라 생각했던 그였지만 오히려 더욱 비참한 감정이 솟아났고, 그 느낌을 이렇게 회고하였다.

"이 수많은 사람 중에 나를 향해 손 흔드는 단 한 명이, 내가 준 6실링 때문에 배웅하는 소년이란 사실이 나를 얼마나 비참하고 외롭게 만드는지 모르겠다."

외롭지 않기 위해 인위적인 노력을 했던 것에서 더 외로움을 느꼈던 것이다. 외로움이 문제가 되는 것은 겉으론 괜찮아 보이기 때문이다. 외로움은 당사자의 문제이기 때문에 다른 사람은 쉽게 눈치 채지 못한다. 스스로 외롭다고 표현하지 않는 한 아무런 문제가 없어 보이기 때문에 심각성을 모른다. 그래서 자신의 감정을 솔직히 인정하고 그에 필요한 삶의 자세가 필요하다.

그렇다면 사람은 언제 외로울까? 외로움은 단순하지가 않다. 아주 다양하고 복합적이다. 사회적, 관계적, 심리적 요인이 작용한다. 사회적 요인은 환경의 변화 등을 통해 쉽게 찾아온다. 그것은 자신에게 소중했던 존재를 상실했거나 떠나보냈을 때 느끼는 심리적 현상이다. 이것을 빈둥지 증후군(empty nest syndrome)이라 하는데 자녀들이 성장해서 가정을 떠날 즈음 어머니가 느끼는 감정이 대표적 사례라 할 수 있다. 특히 여성의 경우 어머니라는 이름으로 가족에게 헌신을 다했는데 어느새 훌쩍 커버린 자녀가 품을 떠나면 겪게 되는 상실감이 크다.

혹, 중년 여성의 경우에는 이 증상으로 인해 심한 우울증을 앓을 수 있다. 더 이상 자신의 손길이 가족에게 필요 없다고 스스로 단정하고 더욱 쓸쓸하고 외로움을 타는 것이다. 결국 이것이 우울증으로 발전하는 것이다.

어디 자녀뿐일까? 소중한 사람을 떠나보내고 혼자 남겨졌다는 생각에 우리는 외로움을 느끼게 된다. 소중한 무엇이 있을 땐 꿈이 있고 열정이 사그라지지 않지만 그것을 상실하면 꿈도 함께 사라지고 혼자라는 외로움에 빠지게 된다. 그래서 딸을 시집보낸 아버지가 결혼식을 마치고 집에 돌아와 딸의 방에 홀로 앉아 눈물짓는다. 이처럼 사랑하는 부모, 형제, 친구를 떠나보낼 때 다시 만날 수 없다는 슬픈 공허함을 채울 수 없어 외로움은 겨울 삭풍보다 차갑고 아려 참을 수 없다.

외로움을 느끼는 또 하나의 요인은 관계적 악화에서 비롯된다. 왕따라고 하는 우리 사회의 집단따돌림 행위가 얼마나 심각한가? 이러한 사례는 개인을 대상으로 하는 집단적 특징이 있다. 특히 대적하는 상황에서는 절망과 공포를 동반한다. 이러한 경우가 성경에도 잘 표현되어 있다. 시편에는 다윗이 자신을 해하려는 사람들을 향해 고백하는 내용이 나온다.

> "나를 미워하는 자가 다 하나같이 내게 대하여 수군거리고 나를 해하려고 꾀하며." _ 시 41:7

관계의 어려움 때문에 다윗은 심각한 외로움을 느끼고 있다. 모두가 자신을 해칠려고 하는 상황 속에서 혼자된 외톨이의 심정을 토로하고 있다. 이처럼 자신을 알아주고 이해해주는 사람이 없고, 수많은 사람 가운데 자기가 혼자되었다고 생각한다면 외로움을 주체할 수가 없다. 특히 친한 사람이 등을 돌렸을 때는 눈에 불이 날 정도로 분개할 것이다.

마지막으로 외로움은 스스로 만드는 심리적 요인이다. 이것은 자기 연민(self-pity)이라고 불리기도 하는데 자기가 만든 감정의 늪에 빠져 그 심각성을 키운다. 늘 다른 상황과 자신을 비교해보면서 주눅이 들어 자존감을 상실하게 된다. 남들 앞에 나설 용기가 사라지고, 마음의 문을 닫고 스스로를 격리시킨다. 왕따 문제가 심각하지만 일명 스따, 즉 스스로를 따돌림하는 것도 큰 문제가 아닐 수 없다. 이렇게 스스로 자기 연민에 빠져 외로움을 견디지 못하는 사람이 증가하고 있다는 것은 현대사회의 불행이다.

이렇듯 자기 스스로 만든 심리적 요인으로 인해 대부분 외로움을 겪고 있다. 문제는 지나친 자기 연민은 자기 돌봄(self-care)으로 이어지지 못하고 자기 파괴로 나타나기 때문이다. 흔히 사람을 '사회적 동물'로 정의하지만 '군중 속의 고독'이 커지는 것이 현대사회의 특징이다. 많은 사람 속에 살지만 스스로 외딴섬이 되도록 만든다. 아무도 자신을 인정하지 않는 것 같고 대수롭지 않게 여기는 것 같은 감정 때문에 스스로 고립되고 있다. 그래서 어느 시인은 직관적으로 이런 사회를 묘사했다.

사람들 사이에 섬이 있다.
그 섬에 가고 싶다.
- 〈섬〉 정현종

이러한 외로움, 고독은 무언가에 집착하는 중독에 빠지게 한다. 혼자라는 생각을 잊기 위해 골몰하다보면 일시적인 충동, 쾌락에 사로잡히게 된다. 외로움을 잊기 위해 일에 몰두하거나 취미 활동에 전념하는 것은 그나마 다행이지만, 어떤 사람은 세상적인 쾌락을 추구하고 알코올이나 마약을 의지하기도 한다. 중독은 병적으로 집착하는 것이기에 언젠가는 그 감정마저 소진하고 심신을 갉아먹게 된다. 막이 내리고 음악이 멈추고 조명이 꺼졌을 때처럼 더 큰 외로움이 다가오기 때문이다.

스스로 혼자라고 느끼는 감정, 스스로 고립되었다고 느낄 때 어김없이 찾아오는 외로움은 누구나 근원적으로 느낄 수 있는 것이면서 동시에 공격성을 지닌다.

> 믿었던 사람의 등을 보거나
> 사랑하는 이의 무관심에 다친 마음 퍼지지 않을 때
> 섭섭함 버리고 이 말을 생각해보라.
> 누구나 혼자이지 않은 사람은 없다. (중략)
>
> 그러나 혼자가 주는 텅 빔,
> 텅 빈 것의 그 가득한 여운

그것을 사랑하라.

– 〈누구나 혼자이지 않은 사람은 없다〉 김재진

외로움에서 승리하기

아무리 친한 친구라 하더라도, 속속들이 잘 알고 있는 부모라 하더라도 우리의 외로움을 완전하게 해결해줄 수 없다. 외로움은 철저한 자기 자신과의 감정싸움이다. 남들이 부러워하는 능력과 권세가 있고 아무리 좋은 환경을 갖추었어도, 본인 스스로 외롭다고 느끼면 그것들은 아무것도 아니다.

내면을 공격하는 외로움의 감정에서 승리하는 방법은 내면을 통찰하고 스스로를 보듬는 자기 자신과의 관계가 회복되어야 한다. 인생은 혼자라는 극단적인 생각으로 하나님과의 관계를 소홀히 하고 그 끈을 놓아서는 안 된다. 영원히 놓지 말아야 할 끈은 하나님과의 관계다. 외로울수록 하나님과의 관계를 자세히 들여다보고 회복하려고 애써야 한다.

상처 난 감정을 안고 있을 때 우리 주변을 돌아보면 아무도 없는 것처럼 느껴진다. 그동안의 의미 있는 관계 – 가족, 친지, 친구 – 등이 암전을 만난 듯 모두 사라지게 된다. 관계가 단절되면 손상된 감정의 회복은 더욱 어렵게 된다.

어느 기독교 상담가가 냉담한 크리스천을 면담할 때, 꼭하는 질문이다.

"당신의 하나님은 어디에 계십니까?"

그럴 때마다 열이면 열, 가까이 계신 하나님을 말하는 사람은 없다고 한다. 어떤 사람은 하나님은 자신과 등을 돌리고 있다고 말하고, 또 어떤 이는 구만리장천에 계신다고 하며, 어떤 이는 '하나님은 무슨…'이라며 부정적인 반응을 보인다고 한다. 자신의 마음보다 훨씬 멀리 떨어진 하나님을 느끼고 있기 때문에 당연히 문제가 있을 수밖에 없다. 실은 하나님은 우리 마음속에 계심에도 우리는 가까이 있는 것을 보지 못하고 엉뚱한 다른 곳으로, 먼 곳으로 시선을 돌리고 있다.

이때 그들의 심리를 파악하고, 왜곡된 문제가 어디에 있는지, 냉담한 반응에 대한 심층 상담을 하다보면 자신이 겪었던 아픔과 고립감 속에서 하나님을 먼저 떠나간 자신을 발견하고, 먼저 등을 돌렸던 하나님, 끝도 없이 멀리 계신 하나님, 힘없고 연약한 하나님이 아닌 자신의 손을 놓지 않고 이끄시는 하나님을 고백하게 된다는 것이다.

   우리의 외로움은 하나님을 붙잡는 줄이 될 수 있다. 하나님과의 멀어진 관계가 회복될 수 있는 통로가 된다. 사실 우리는 많은 관계를 맺고 살아가고 있다. 그런데 감정의 상처가 생기고 문제가 발생할 때 관계부터 먼저 어긋나기 시작한다. 관계가 손상되면 또 다른 관계를 만들고 그것을 대체하고 위로받으려고 한다. 사람과 맺는 관계는 한계가 있기 마련이다. 정말 가까운 사람이라고 생각했지만 자신의 일처럼 아픔을 공감하거나 문제를 해결해주지 못할 때 얻는 실망감은 크다. 혹 관계가 깨지면 다른 사람으로 대체할 수 있을지 모르지만 하나님과의 관계는 대체할 수 있는 것이 없다는 사실을 꼭 기억해야 한다.

   중요한 것은 관계가 의미 있게 회복되는 것이다. 이런 관계는 완전하게 우리를 지지하고 위로해줄 수 있는 분, 즉 하나님과의 관계뿐이다. 하나님은 우리와 친밀한 관계를 맺길 원하신다. 주인과 종, 왕과 신하와 같은 상하수직 관계가 아닌 서로의 마음을 나누고 사랑을 나눌 수 있는 관계이다. 이것은 서로의 진실이 통할때 형성

된다.

    성경을 살펴보면 하나님과의 관계회복이 왜 중요한지 그 의미를 살필 수 있다. 변함없는 하나님을 발견할 수 있기 때문이다. 사람도, 환경도, 국가도 모든 것들은 지나간다. 완전하지가 않다. 그러나 하나님은 언제나 어디서나 변함없이 우리와 함께하시며 완전하게 우리를 이끄신다. 우리가 애송하는 시편 23편에는 "내가 사망의 음침한 골짜기를 다닐지라도 주께서 나와 함께하신다"라고 하는 찬양이 있다. 다윗은 이처럼 사망의 음침한 골짜기를 다니는 상황에서도 자신의 곁에서 함께 그 길을 걷고 계시는 하나님을 느끼고 있기 때문에 이처럼 주옥같은 고백을 하였다. 그래서 다윗은 하나님과 친밀한 관계를 유지하며 승리할 수 있었다.

    다시 언급하지만, 외로움은 관계성의 문제에서 발생한다. 분명 관계가 훼손되고 틀어진 배경이 숨어있다. 자신을 향해 발꿈치를 들고 있는 누군가의 위협일 수 있고, 오해로 인한 갈등과 비교의식일 수 있다. 결국 감정의 트러블로 인해 관계가 깨져 썰물 같은 외로움에 휩쓸리게 된다. 이때 하나님 앞으로 나아가 솔직하게 마음을 고백할 때 우리를 홀로 두지 않으시고 함께계시는 분과 만날 수 있다. 하나님께서 먼저 다가오셔서 "내가 너를 굳세게 할 것이고 홀로 두지 않을 것이며 도울 것"이라며 위로하실 것이다.

고백은 하나님과 깊은 교제를 회복하게 한다. 솔직한 고백은 하나님과 독대하여 의미 있는 관계로 돌아서도록 만든다. 지금까지 내 뒤에서 오고 계셨거나, 멀리서 나를 지켜보고 계신 하나님이 아닌, 나를 품에 안고 눈을 떼지 못하시는 하나님을 만나게 한다. 양처럼 목자의 도움을 받게 된다.

관계회복 뒤에 극복되는 외로움

외로움을 고백할 때 하나님과의 관계가 우선적으로 회복된다. 그리고 난 뒤 하나님은 사람과의 관계 회복을 돕는다. 상한 감정으로 살아갈 때 우리는 맺고 있는 관계 자체에 의미를 두지 못한다. 그럴 여유가 별로 없다. 그런데 인간은 사회적 동물이란 말처럼 사람과의 관계를 통해 살아가도록 되어 있다. 관계가 없다면 사회에서도 고립무원이 된다. 두렵다고 관계를 끊고, 질투로 인해 관계를 단절하고, 스트레스 때문에 아예 관계를 맺지 않으려 한다면 살아갈 수가 없다.

하나님은 우리를 서로 기대며 살도록 만드셨고 그러기를 원하신다. 그렇지만 사람과 사람사이에는 잡음이 있고 오해가 생기고 다툼을 야기한다. 이것을 예방하고 치유하는 방법은 하나님께로 나아가는 것이다. 하나님은 우리의 마음을 헤아리고 먼저 위로를 주시고 다른 사람에게 먼저 손을 내밀 수 있는 용기를 주신다. 나에게 상처를 준 사람을 이해하는 마음을 주신다.

다메섹 도상에서 예수님을 만난 사울은 회심 후, 위대한 사도 바울이 되어 복음 증거에 앞장섰다. 그는 예수님의 명령(행 1:8)에 따라 온 유다와 사마리아 땅 끝까지 주님의 증인이 되었다. 바울은 전도여행을 계획하면서 바나바와 갈등을 겪게 된다. 2차 전도여행을 준비하면서 바나바는 일행으로 마가를 합류시키려고 했지만, 바울은 강력하게 반대하였다. 그 이유는 1차 전도여행에서 동행했던 마가가 중도에서 포기하고 돌아갔기 때문에 바울의 마음에는 마가에 대한 서운함과 못미더움 등의 감정이 지워지지 않았던 것이다. 바나바는 사람을 품지 못하는 바울에 대한 실망스런 감정이 있었는지 서로 심하게 다투고 갈라섰다고 성경은 기록하고 있다(15:36-41).

이들은 솔직한 자기의 생각을 표현하였다. 결국 그 다름을 인정하고 바나바는 마가를, 바울은 실라를 데리고 전도여행을 떠났다. 하나님은 이들의 갈등을 복음 확장의 발판으로 삼으셨다. 솔직한 이들의 감정을 선한 기회로 삼으셨다. 성령님은 따로 전도여행을 가도록 하셨다. 이들이 감정을 솔직히 말하지 않고, 상대방을 무시하고 서로가 옳다고 주장했다면 복음전도를 포기했을 것이다. 비록 심하게 다투었어도 하나님과의 관계, 자기의 사명을 분명히 하였기에 놀라운 회복의 은총을 2천 년이 지난 오늘 우리는 함께 나눌 수 있게 되었다.

성령님은 이들의 감정을 나무라지 않으셨다. 마가에 대해 가졌던 의견 불일치를 사용하셔서 가는 곳마다 교회를 견고하게 세울 수 있었으며, 마가를 더욱 성숙하게 하셔서 결국 성경의 저자가 되게 하셨다. 또한 바울에게도 사람을 품는 마음, 관계를 회복하는 힘을 주셨는데 그의 사역이 거의 마칠 즈음 디모데에게 마가를 로마로 데려오라고 부탁함으로써 관계를 회복하게 하셨다.

경제적인 문제로 어려움을 겪고 있던 한 작가가 있었다. 열심히 일을 했지만 가장으로서 무능력해 보이는 자신을 볼 때마다 견딜 수가 없었다. 아무도 자신의 자질을 알아주는 사람이 없는 것 같았다. 외로움은 커져만 갔고 마지막이라는 심정으로 하나님 앞에 애끓는 고백을 드렸다. 며칠째 기도를 하였지만 별반 나아지는 것이 없었다. 그런데 어느 날, 관계가 끊긴 줄 알았던 출판사 편집자로부터 연락이 왔다. 유명 재무설계사의 출간 원고에 대한 검토를 의뢰하였다. 나름 작가로서의 자존심과 체면에 망설였지만, 경제적 형편에 일을 맡지 않을 수 없었다.

원고 수정을 위해 저자를 만났다. 그는 분명한 저자의 의도를 파악하고 전개방향을 설정하기 위해 많은 대화를 나누었다. 이런저런 내용을 확인하는 동안 저자에게 신뢰감이 생기고 친해지게 되었다. 그는 어려운 자신의 생활을 이야기하게 되었는데 재무설계사가 자문을 해주었다. 그동안 자신의 수입, 돈의 쓰임새, 가정 형편 등을 고려하여 진단을 해주었다. 전문가의 조언대로 수입과 지출에 대한 계획을 세우고, 우선순위에 따라 철저한 재무관리를 함으로써 경제적으로 안정을 찾았다고 한다.

이처럼 사람을 신뢰하고 마음을 열면 하나님은 자신이 보지 못했던 세계를 보여주신다. 작가는 좋은 사람을 만나게 되었고, 그를 통해 하나님과의 관계도 더욱 깊어지게 되었다. 사람은 물론 하나님 앞에 솔직한 감정으로 나아가야 한다. 하나님은 사람을 통해,

또 우리 감정을 간섭하여 우리의 외로움을 극복하도록 하신다.

외로움에서 승리하기

1. 외로움은 믿음의 사람이더라도 피해갈 수가 없다. 무엇보다 하나님과의 관계를 우선하라. 하나님만이 나의 외로움을 회복시켜 주실 수 있다.
2. 사람들과 의미 있는 관계를 유지하도록 먼저 손을 내밀라.

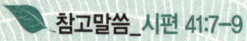 참고말씀_ 시편 41:7-9

Chapter 2
죄책감 - 나 때문에...

죄의 무게

젊었을 때보다 중년이 되어 대중들의 더 많은 사랑을 받게 된 어느 여자 연예인이 있다. 그녀는 결혼 후, 가정에 충실하면서 가끔 활동을 이어갔다. 생활이 안정되고 시간 여유가 생기자 예전에 없었던 연기에 대한 열정이 살아났다. 그래서 출연할 때마다 애정을 가지고 맡은 배역에 최선을 다해 정성을 쏟았다. 이러한 성실한 연기력이 대중들에게 인정을 받음으로 인해, 새로운 전성기를 맞이하게 되었고 드라마뿐 아니라 예능 프로그램으로 활동반경이 넓어졌다. 그녀는 출연하는 여행 예능 프로그램에서 담당 작가 및 스태프에게 인간미 넘치는 배려를 아끼지 않았다. 그녀의 이러한 태도는 입소문이 났고 그 프로그램까지 인기가 올라가게 하였다. 그녀는 인터뷰에서 이렇게 밝혔다.

"예전에 잘 나가던 이십대 시절, 너무 교만했어요. 스태프도 무시하고 모두 내 아래에 있다고 생각했던 거죠. 그러나 시간이 지나 철이 들면서 그때 그렇게 했던 게 너무 죄송한 거에요. 그래서 죄책감을 덜고자 지금은 좀 더 신경을 쓰는 편이에요. 그뿐이에요."

자신의 죄책감을 겸손으로 잘 승화시킨 그녀의 태도와 진정성 있는 고백에 저절로 응원이 나온다.

흔히 우리는 '무엇무엇 때문에'라는 말을 한다. 어떤 핑계를 대거나 변명을 해야 할 때 들먹이는 수법이다. 물론 정당한 이유를 밝히고 합리성을 주장하지만 그런 경우는 거의 없다. 특히 이러한 원인이 자신에게 있는 것이 드러나면 그 실망감으로 인해 급속히 무너진다. 자포자기를 하면서 죄책감에 시달린다.

죄책감의 사전적 의미는 '스스로 저지른 잘못에 대한 책임을 느끼는 마음'이다. 볼펜과 연필의 본질적인 차이점은 지우개에 있다. 연필은 잘못 썼거나 지우고 싶을 땐 지우개로 지울 수 있지만 볼펜은 그럴 수 없다. 죄책감은 이 볼펜과도 같다. 자신의 실수나 잘못, 경쟁에서의 패배 등은 지워지지 않고 마음 한편에 남아 계속 괴롭힌다.

한 여성이 있었다. 그녀는 현재 남편과 결혼하기 전 사귀던 남성이 있었는데, 꽤 깊은 관계를 맺었던 터라 신혼 초부터 계속 죄책감에 시달렸다. 남편에게 미안한 감정을 떨칠 수가 없었다. 괜히 남편에게 상처를 입힌 가해자 같다는 생각이 들었다. 자신의 과거로 인해 어떤 문제가 생기는 것이 아닌지 불안했다. 기도 가운데 마음을 다스려도 이러한 불안은 지워지지 않았다.

자녀를 낳고 키우면 사라질 줄 알았지만, 죄책감은 가끔 스멀스멀 찾아왔다. 남편과 무슨 일로 다투기라도 하면 죄책감은 더욱 커졌고, 이미 용서받은 일인데도 기도할 때마다 계속 회개하는 자신을 발견하게 되었다. 그녀는 아직도 자기 속에 있는 과거에 붙잡혀 시달리고 있다는 것을 알고 그것을 지우기 위해 무던히 애를 썼다. 벌레가 온몸을 기어다니는 듯 했다.

죄책감은 이렇게 과거의 나쁜 기억을 자꾸만 떠올리게 하여 자신을 힘들게도 하지만, 누군가로부터 죄책감을 강요당할 때도 있다. 죄책감을 느끼는 것은 연령과 무관하기에 어린 시절 특히 죄책감으로 인해 받은 상처는 더욱 깊다.

어떤 사람은 자신의 부모가 늘 싸웠던 모습을 지울 수가 없었다. 싸울 때마다 쏟아내는 부모의 화풀이 언성은 켜켜이 상처를 남겼다.

"아! 자식 놈만 없으면 당장 헤어질 텐데, 저 놈들만 없었으면…"

그는 우울하고 어둡게 자랐다. 항상 부모의 눈치를 봐야 했기에 친구를 사귈 때도 늘 주눅이 들었고, 부모 관계가 자기 때문에 더 힘들어졌다는 죄책감을 떨쳐낼 수 없었다. 사실 그에겐 아무 잘못도 없다. 부모로부터 억울하게 죄책감을 강요당한 것뿐이다.

죄책감은 실제 자신의 잘못으로 인해 고통을 당하는 경우가 있고 자신의 잘못이 없는데도 괜히 자기 탓으로 돌려 마음고생을 하는 경우도 있다. 어느 쪽이든 사람을 짓누르는 위력이 있기에 자세히 들여다볼 필요가 있다.

죄책감의 공격

죄책감은 과거의 나쁜 기억이 지금의 삶을 흔들어 버리는 데 문제가 있다. 과거가 현재, 더 나아가 미래까지 부정적으로 지배한다. 모든 것이 자기 책임이라는 생각이 작동하고 있기 때문에 스스로 해결을 할 수 있는 것이 없게 된다. 죄책감 때문에 아무것도 못하고 과거에 꽁꽁 매어 사는 사람을 우리는 자주 보게 되는데, 그래서 죄책감이 클수록 현재를 살지 못하는 경우가 많다.

성경에도 죄책감의 문제에 대해 말씀하고 있다.

> "하나님의 뜻대로 하는 근심은 후회할 것이 없는 구원에 이르게 하는 회개를 이루는 것이요 세상 근심은 사망을 이루는 것이니라." _ 고후 7:10

이 말씀은 사람이 갖게 되는 두 가지 근심에 대해 말한다. 구원에 이르게 하는 근심과 사망에 이르게 하는 근심이다. 구원에 이르게 하는 근심은 하나님 뜻대로 하지 못한 죄책감이다. 즉 우리가 하나님 앞에서 연약함을 고백하면서 회개하기 때문에 우리를 구원에 이르게 한다는 의미다.

반면 세상의 근심은 사망으로 이끌기 때문에 위험하다. 사도 바울도 세상의 일로 인한 죄책감이 과거, 현재, 미래를 부정적으로 지배한다는 것을 알았던 것이다. 이처럼 죄책감은 하나님 뜻에 맞지 않기 때문에 구원이 아닌 사망으로 우리를 이끌고 있다.

그렇다면 세상일에 대한 죄책감은 무엇일까? 이것은 뼈를 마르게 하고 피를 말릴 정도로 고통을 준다. 죄책감에서 자유로워질 수 없을 때 받게 되는 엄청난 짓눌림은 사망에 이르게 할 정도로 고통스럽다는 의미다. 이 고통을 안겨주는 죄책감은 두 가지로 나뉜다.

하나는 정말 자신이 잘못한 실수에서 오는 책임의식이다. 다른 사람에게 실수하여 피해를 입혔다거나, 말실수로 상처를 입혔다거나 의도하지 않았음에도 나의 잘못이 다른 사람에게 전가된 것이 원인이 된다. 이 직접적 죄책감이 제대로 해결되지 않으면 그냥 묻혔다고 여기게 되지만, 어느 순간 불현듯 나타나 현실을 뒤섞어 놓기도 한다. 해결하지 못한 것은 일시적으로 회피하고 숨은 것과 같다. 사실 죄를 지으면 숨기 마련이다. 아담은 물론 예수님을 배반한 제자들도 뿔뿔이 흩어져 숨었다. 그러나 그 죄책감에서 벗어날 수 있었던 것은 주님이 부르셨기 때문이다. 그러므로 자기 회피로 인한 죄책감은 주님이 해결해주지 않는 한 우리를 계속 괴롭힌다.

그런데 이것보다 더 심각한 죄책감이 있다. 가치 죄책감, 기능적 죄책감이라 불리는 것이다. 자기 스스로 과오를 범하지 않았지만 자기 탓으로 돌리는 죄책감을 의미한다.

실제로 우리는 이런 죄책감을 겪는 경우가 많다. 어린 아이에게 엄마 아빠 중 누가 더 좋으냐는 장난스런 질문을 하고 대답을 강요한다. 곤란한 질문에 아이들은 선택을 머뭇거린다. 계속되는 유도에 할 수 없이 누군가를 선택하지만, 자신이 선택하지 못한 부모를 향해 죄책감을 느낄 수 있다. 아이의 곤란한 표정을 즐겁게 바라보는 어른과는 달리, 아이는 부모 중 한 명을 선택하지 않은 자기 자신에게 죄책감을 느낀다.

또한 '그때 좀 더 잘했더라면 지금의 이 상황이 되지 않았을 텐데', '환경이 더 풍요로웠다면 자녀를 조금 더 풍족하게 키웠을 텐데', '내가 못나서' 등 자신이 잘못한 것이 없는데도 갖가지 죄책감에 괴로워한다.

그러다보면 죄책감에 마음이 억눌리다가 분노가 터져 나오게 된다. 또한 더 이상 죄책감을 견디지 못한 내면에서는 책임을 돌릴 다른 사람을 찾게 되고 무차별하게 원망을 쏟아놓는다. 그래서 죄책감이 심해지면 자기 자신은 물론 다른 사람을 원망하게 된다. 이처럼 자기와의 관계, 다른 사람과의 관계, 나아가 모든 것을 주관하시는 하나님과의 관계마저 깨뜨린다. 기독교의 핵심은 용서와 사랑인데, 죄책감은 십자가의 용서와 사랑을 수용하지 못하게 방해하는 가장 큰 요소가 된다. 그런 점에서 죄책감은 마음속에 사탄의 집을 하나 세워두고 있는 감정의 상태라 할 수 있다.

죄책감을 향한 따뜻한 위로

영화 〈굿 윌 헌팅〉(Good Will Hunting, 1998 개봉)은 MIT 공대에서 청소부로 일하는 윌 헌팅(맷 데이먼)이라는 수학 천재가 등장한다. 그는 정규교육을 받아본 적이 없는 불량청년이었다. 보호관찰대상인 그가 폭행죄로 수감되었다. 재능을 안타깝게 여긴 사람들의 도움으로 그는 일상으로 복귀한다. 영화는 빈민가 출신의 수학 천재 주인공과 그를 지켜보며 돕고자 하는 심리학 교수 로빈 윌리엄스(숀 맥과이어)의 대립과 갈등이 전개된다.

주인공은 많은 상처를 간직하고 있었다. 어린 시절 부모로부터 버려졌던 그는 자신을 드러내는 것을 병적으로 싫어하였다. 노무직으로 전전하면서 자책감에 시달렸다. 모든 것이 자기 때문인 것 같은 죄책감이 반항으로 나타나 사고를 치면서 사람들의 냉대를 받았고 점점 외톨이가 되었다. 윌의 비뚤어진 심성과 비꼬는 말투에 모두 그를 포기하지만, 로빈은 달랐다. 그 마음을 깊이 이해한 로빈은 윌에게 다가가 이렇게 말했다.

"It is not your fault!" (그건 네 잘못이 아니야!)

이 말 한마디에 반항과 오만했던 윌이 변화되었다. 그건 어쩔 수 없는 일이며 이미 일어난 일일 뿐이니 힘들어할 필요가 없다는 말이 윌에게 위로가 되었고, 치유의 출발이 되었다. 무척 평범한 이야기가 윌의 인생을 바꿔놓았고 마음의 짐을 내려놓게 하였다. 그리고 그의 천재성이 빛을 발하게 되었다. 가장 인상 깊은 장면이면서 명대사로 기억되는 이 부분은 우리에게 많은 울림을 남긴다.

어린 아이들이 놀다보면 실수를 한다. 자기들의 장난감을 망가뜨리기도 하고, 소중한 물건을 깨뜨리거나 장비나 시설을 파손시킨다. 이때 아이들은 경직되고 움츠러들지만, 그때 부모나 어른들이 안심시키면, 아이들은 언제 그랬냐는 듯 다시 놀이에 심취한다. 필요한 것은 따스한 한마디의 말이다. "괜찮아. 그럴 수도 있지. 앞으로 조심하렴." 실수를 이해하고 격려하는 누군가의 말은 죄책감에 시달리지 않고, 주눅 들지 않게 하는 힘이 되어준다.

우리도 마찬가지다. 어린 아이들처럼 소소한 것이 아니라 남에게 상처를 주고받는, 또한 다른 사람들에게 원성을 사거나 비난을 받을 수 있는 실수를 할 수 있다. 심지어 신앙의 길에서 이탈할 때도 있고 하나님을 원망할 때도 있다. 반드시 기억해야 한다. 이때 필요한 것이 다시 하나님 앞에 나아가는 고백이다. 하나님은 우리의 고백을 들으시고 최고의 선물을 주신다. "괜찮아. 그건 네 잘못이 아니다." 즉 하나님의 위로다.

　사람은 누구나 완벽을 꿈꾸며 그렇게 되려고 노력한다. 반면 잘하지 못한 부분, 약한 부분, 감추고 싶은 부분, 상처 입은 감정에 대해서는 위로를 받고 싶다. 하나님 앞에 가져가는 고백의 대부분은 약한 부분이기 때문에 위로가 필요하다. 하나님이 주시는 위로는 사람이 주는 위로와는 큰 차이가 있다. 우리에게 위로가 필요하다는 사실을 인지하지 못하고 있을 때조차도 은밀하고 섬세하게 마음을 어루만져 주신다. 나중에서야 하나님의 사랑을 은혜로 깨닫는다.

　불의 사자 엘리야도 삶의 기력을 잃을 때가 있었다. 영적으로 위대한 일을 이루었지만 인간적인 곤고함이 그를 찾아왔던 것이다. 로뎀 나무 아래에서 탈진한 그를 하나님은 어루만지시고 위로를 주셨다(왕상 19:1-18). 예수님께서 죽으시자 낙담한 제자들은 옛 생활로 돌아갔다. 그때 주님은 제자들을 찾아다니시며 그들을 위로하시고 용기를 북돋아 믿음을 회복시켜주셨다. 보혜사 성령을 보내주심으로 당시는 물론 2천 년이 지난 우리에게도 같은 위로를 해주시고 우리를 이끄신다.

하나님의 위로는 무엇보다 어떤 희생이나 대가를 요구하지 않는다. 특히 죄에 대해 연약한 우리의 마음을 잘 아시는 하나님이시기에 우리의 잘못이나 죄를 기억하지 않겠다는 약속을 주셨다(렘 31:34). 마음이 괴롭고 불안할 때는 예전의 죄가 떠오른다. 그로인해 더욱 번민하고 고통스럽다. 또 이러한 심란한 마음도 죄가 되는 것 같아 오히려 신앙을 옥죄어 자유함을 누리지 못하게 한다. 그러나 기억하라. 하나님은 우리의 잘못으로 인해 감정이 괴롭고 흔들릴 때, 그 마음을 진솔하게 고백하면 우리의 죄와 허물, 불법을 "기억하지 않겠다"는 위로를 주셨다(사 43:25; 렘 31:34; 히 8:12, 10:17).

미국은 법이 아주 강하기 때문에 금기사항을 어기면 엄한 처벌을 받는다. 연못이나 호수의 위험한 곳에는 'No Fishing'이란 낚시를 금하는 표지판이 세워져있다. 제2차 세계대전 당시 나치수용소의 생존자인 코리 텐 붐(Corrie Ten Boom, 1882-1983) 여사는 고백에 대하여 이렇게 설명하였다. "하나님께서 우리 죄를 모두 물속에 집어 던져놓고 'No Fishing'이란 팻말을 세우셨는데, 이것을 무시하고 낚시하는 것처럼 죄를 건져 올리고 있다."

하나님께 이미 용서 받은 죄를 낚시질하는 습성을 우리는 버려야 한다. 하나님은 우리가 고백한 것을 그것이 무엇이라도 기억하지 않으신다. 분명히 말씀을 통해 선포하셨기에 우리는 죄에 대해 죄책감을 가질 필요도, 하나님의 위로에 불편함을 가질 이유도 없다. 하나님은 지금도 우리의 죄를 기억하지 아니하시고, 우리를 있는 그대로 사랑하며 위로하고 계신다.

"그러므로 이제 그리스도 예수 안에 있는 자에게는 결코 정죄함이 없나니." _ 롬 8:1

이처럼 우리는 주님 안에서 정죄함을 당하지 않고 끝까지 위로하시는 하나님의 사랑만 기대하면 된다.

하나님의 위로는 바로 이런 것이다. 우리 곁에 보혜사 성령님을 보내주셔서 우리의 마음을 읽어주시고 때에 따라 적절한 위로를 통해 마음을 어루만져 주신다. 위로 속에 우리를 향한 인정과, 무조건적인 은혜, 따뜻한 사랑이 있기에 고백은 우리를 행복하게 만든다. 하나님께 나아갈 때는 솔직히 힘들 수도 있지만, 마음의 응어리를 풀고 고백한다면 따뜻한 위로를 통해 반드시 안식을 찾을 수 있다.

죄책감에서 승리하기

1. 자신이 하지 않은 일에 대해 염려하지 말자.
2. 하나님의 은혜와 용서를 구하자.
3. No fishing! 죄를 다시 낚아 올리지 말자.

참고말씀_ 이사야 43:25

Chapter 3
수치 - 나를 숨기고 싶은 마음

몹시 부끄러운가요?

미국 로스엔젤레스에서 사역할 때 있었던 에피소드를 소개한다. 교회에서 멕시코 단기선교를 다녀오고 난 후의 일이다. 어느 날, 한인라디오 방송을 진행하고 계신 아는 목사님께로부터 급한 연락이 왔다. 생방송을 하여야 하는데 게스트가 나오지 못하게 되었다고 즉석 출연을 부탁하였다. 사정이 긴박하였기에 흔쾌히 방송국에 나갔다. 즐거운 마음으로 따끈따끈한 멕시코 선교 이야기를 하면서 분위기는 무르익어갔다. 갑작스런 출연에 당황했지만 실수 없이 마치게 될 것 같아 다행이라 여겼는데 사회자가 방송 말미에 느닷없이 질문을 던졌다.

"멕시코 다녀오셨으니 스페인어를 조금 하시겠네요. '예수님이 당신을 사랑하십니까'를 뭐라고 합니까?"

대본에 없는 갑작스런 질문에 얼굴이 확 달아올랐다. 특별히 스페인어를 배울 생각을 해본 적이 없었고, 접할 기회도 없었기에 단기선교를 다녀왔을 뿐 낯선 언어였기 때문이다. 생방송이라 망신을 당할 것 같은 예감이 들었지만, 그때 섬광처럼 떠오른 문장이 하나 있었다. '당신을 사랑합니다'라는 'yo te amo'라는 표현이었다. 짧은 순간이었지만 확신이 들어 힘주어 대답했다.

"요 떼 아~모."

"그렇군요. 이 방송을 듣고 계시는 분들, 나가서서 만나는 분들에게 '요떼아모'를 외치십시오. 오늘 방송도 예수님이 여러분을 사랑하신다는 말로 방송을 마치겠습니다. 여러분, 요떼아모."

다행히 라디오 생방송은 잘 마무리 되었다. 그런데 얼마 있지 않아 잘못된 표현이란 것을 알게 되었다. 스페인어를 몰랐던 진행 목사님 덕분에 그냥 자연스럽게 넘어간 것이었다. '요 떼 아~모'는 '나는 당신을 사랑합니다'라고 표현할 때 쓰는 문장이었다. 그런데 가장 중요한 예수님이란 단어를 쏙 빼먹고 확신에 차서 말한 실수는 그렇다 쳐도, 방송을 청취한 시청자들 가운데 스페인 언어권 사람들에게 전도하면서 '요떼아모'를 말하는 사람들이 있을 것 같은 염려가 밀려왔다. 이 생각은 쉽게 사라지지 않았다. 오랫동안 트라우마로 작용하였다. 그 이후로, 우리말과 영어가 아니면 주눅이 들어 입술이 쉽게 떨어지지가 않았다.

수치심이라 하면 한마디로 몹시 부끄러운 마음이라 정의할 수 있다. 나만 알고 남이 몰랐으면 하는 것, 다른 사람 볼 낯이 없고 떳떳하지 못해 무언가 움츠러드는 기분, 존재 자체가 불편해지는 느낌, 뭔가 거부되거나 조롱당할 때 사람들의 시선을 피하고 싶은 감정 등을 말한다. 보통 수치라는 단어를 사용할 때는 '당하다'라는 표현을 덧붙인다. 영국의 시인이며 화가인 윌리엄 블레이크(William Blake)는 '수치심이란 자존심의 외투다'라고 명언을 남겼다. 이처럼 수치감은 스스로를 부끄럽게 여기는 자의적인 감정이지만, 외부의 반응을 염두에 두고 있음을 알 수 있다. 지극히 내면적인 감정의 공격인 동시에 외부적인 환경도 함께 영향을 끼치는 것이 수치감이다.

우리는 살면서 쥐구멍이라도 있으면 들어가고 싶었던 상황을 여러 번 경험했을 것이다. 생각할수록 부끄러운 감정에 몸 둘 바를 몰라 황망할 때가 있다. 생방송에서 잘못된 정보를 전달하여 죄스러움과 수치감을 느꼈던 나의 경험처럼 수치감은 다른 감정들과는 좀 다르다. 수치감은 이유가 분명하다. 다른 감정은 원인이 모호하거나 다양한 이유를 가지고 있는 반면 수치감은 자신이 잘못한 일이나 사건이 도화선이 되어 느끼는 감정이다. 죄책감과는 다르다. 죄책감이 잘못한 행동에 대해 느끼는 부정적인 감정이라면 수치심은 잘못한 일을 통해 그 일을 행한 자신에 대해 부정적인 감정을 갖는 것이다. 그래서 잘못한 일에 대한 실수라는 마음보다는 잘못한 것 자체에 대하여 자신이 실패했다고 느끼는 낮은 존재 감정이다. 존재 자체를 흔들어 놓는 감정이 수치심이다.

수치심의 병적인 요소

휴스턴 대학교의 브레네 브라운(Brene Brown) 교수는 많은 이들의 눈물을 자극하는 영감 있는 강의로 유명하다. 또한 전공인 사회복지를 통해 얻은 자료와 사례를 분석하여 사람들의 상처를 치유하는 전문작가로 왕성한 활동을 하고 있다. 특별히 현대인의 마음 속 질병인 수치심을 진단하여 세계적인 권위자가 되었다. 그의 저서 「나는 왜 내 편이 아닌가」를 보면 수치감에 대한 자세한 분석이 제시되어 있다. 그녀는 이 책에서 연구대상자들이 개별적으로 느끼는 수치감을 심층적으로 조사하여 다음과 같이 결론을 내렸다.
- 수치심은 거부당한다는 것을 의미한다.
- 수치심은 자신을 미워하고 남들이 왜 자신을 싫어하는지도 잘 아는 상태다.
- 수치심은 자기혐오다.
- 수치심은 일종의 감옥이다. 내가 뭔가 문제가 있어 감옥에 갇히는 것이 당연하다고 느끼는 상태다.
- 수치심은 남에게 보여주고 싶지 않은 감정을 들켰을 때 느끼는 것이다. 그런 감정을 들키느니 차라리 죽어버리는 게 낫다.

이 책에서 언급하는 수치감에 대한 분류나 세부사항을 더 이상 확인하지 않아도 연구대상자들은 솔직한 감정을 털어놓았고, 심층적인 연구가 이루어졌다는 생각이 든다. 브레네 브라운 교수는 현대인들이 자신을 괴롭히는 수치심에서 자유로워지는 해법을 제시했다. 그녀는 이 사회가 수치감을 배양하는 문화를 토대로 발전하고 있다고 주장한다. 그러기에 수치심을 소리 없는 현대사회의 유행병이 되었다고 하면서 사람이 상처를 받아 마음의 수렁에 빠지고, 인간관계에 있어서도 비수를 꽂는 부정적 현상이 강화되고 있다는 주장이다. 그녀의 주장에 깊게 공감하는 것은 실제로 수치감을 느끼는 이들이 스스로 자기편에 서지 못하고 있는 모습을 자주 보기 때문이다.

수치심은 두 가지 문제를 유발한다. 하나는 고립이고 다른 하나는 스스로를 공격하는 것이다. 외로움이나 우울과 같은 감정은 누군가 함께 나눌 사람이 필요하다. 하지만 수치심은 오히려 스스로를 고립시켜버린다. 뭔가 크게 부끄러움을 느꼈을 때 그 현장으로부터 벗어나고 싶은 마음이 간절해진다. 또한 숨기고 싶은 자신의 비밀을 알고 있는 사람으로부터 벗어나려고 피하게 된다. 결국 수치심은 사람들을 배격한다. 그것은 스스로를 고립시키는 지름길이다.

수치심이 안고 있는 또 하나의 문제는 스스로를 공격하는 성향을 띤다는 것이다. 시편 기자의 고백이 나온다. 그는 자기가 받은 수치에 대하여 이렇게 고백했다.

"나의 능욕이 종일 내 앞에 있으며 수치가 내 얼굴을 덮었으니." _ 44:15

얼굴은 모든 것을 이야기한다. 얼굴을 덮었다는 의미는 수치가 자신의 모든 것을 덮어버렸다는 뜻으로 자신의 자존감은 무너질 대로 무너지고, 남의 업신여김에 존재 의미가 사라졌다는 것이다. 자석이 철을 끌어당기는 힘이 있는 것처럼 수치감은 부정적인 생각을 다 끌어들이기에 제대로 해결하지 않으면 우리는 수치감에 빨려들어 갈 수밖에 없다. 자기 스스로를 공격하는 것은 상상할 수 없는 해악을 끼친다. 그 무서움을 우리는 잘 모른다. 수치심은 개인의 잘못에서 기인할 수도 있지만 자기 잘못보다는 상대방의 모욕에 상처를 받아 생겨나게 된다. 특별히 성장과정에서 들었던 말, 당했던 일이 켜켜이 쌓여 커지는 경우가 대부분이다. '역시 나는 안 돼. 나는 별 수 없어. 내 능력이 그렇지 뭐'라는 결론에 자신을 학대하기 시작한다.

이렇듯 수치심이 계속되면 자학을 하면서 자신을 숨기는 은폐와 자신을 꾸미는 치장을 하게 된다. 그리고 이것마저 통하지 않으면 현실에서 도피를 하게 된다. 이러한 사례를 아담과 하와의 이야기를 통해 살펴볼 수 있다.

아담과 하와가 창조되었을 때는 벌거벗었으나 부끄럽지 않았다. 하나님이 창조하신 섭리에 따라 서로의 존재 이유를 알았고, 그 안에 사랑이 있었기 때문이다. 그런데 죄가 들어오게 되면서 수치심을 느끼게 되었다. 비로소 벗은 것을 알았고, 그것이 부끄러워 무화과나무 잎으로 치마를 엮어 입었다. 그리고 동산 나무 사이에 숨어들어갔다. 이들은 서로를 향해 부끄러움을 느껴 숨은 것이 아니라 하나님을 피하여 숨었다. 눈이 밝아져 자기들이 벗은 것을 알고 무화과 나뭇잎으로 자신들을 가렸다. 수치심은 어떻게든 그 상황을 빨리 덮고자하는 본성을 그대로 드러낸다.

그들은 치장과 함께 더욱 깊숙이 숨어 버렸다. 하나님의 소리를 듣고 제 발 저렸다. 자신들의 잘못으로 인한 수치심이 극대화되어 여호와의 낯을 피해 동산 나무에 숨었다. 자신들의 잘못이 알려질까 두려웠던 것이다. 이렇듯 수치심은 스스로를 감옥에 가두고 스스로를 공격하는 위험한 감정이다. 그래서 스스로 고립되게 만들며 현실을 치장하고 은폐하고 도망치게 만든다.

우리는 자신을 더욱 이해하고 사랑해야 한다. 그러하기 위해선 여러 감정 중에서 자신을 죽이는 수치심을 하나님 앞에 진실하게 고백해야 한다. 자신의 연약함, 취약함을 그대로 인정하고 치장하거나 숨거나 도망치지 말고 하나님께 진정한 고백을 해야 한다. 수치심에 사로잡힌 아담과 하와에게 하나님께서는 직접 가죽옷을 지어 입히셨다. 하나님은 수치를 덮어주셨다. 세상의 수치가 우리의 얼굴을 덮는 것이 아니라 하나님의 덮으심이 우리의 전 존재를 회복시킨다.

있는 그대로 고백하라

　어느 장로님이 계셨다. 그분은 성실하고 경건한 모습으로 신앙생활의 본이 되고자 하셨다. 교회는 물론 사회에서도 신앙인의 본분을 잃지 않고자 노력했다. 언제나 근엄하고 자비롭게 보이고자 애를 썼다. 어떤 때는 화가 나고 짜증도 났지만 자신의 원칙을 우선하여 사람들에게 인정을 받았다. 자신의 감정을 잘 달랠 수가 있었기 때문이다. 그는 신앙인의 위선이나 직분자들의 교만에 대해 내색을 하지 않았지만 가장 싫어하였다. 그는 올곧은 성품을 간직할 수 있게끔 이끌어주시는 하나님께 늘 감사하는 마음을 간직하고 있었다.

　그러다 예기치 않은 일이 닥쳤다. 장로님 신변에 큰 문제가 일어났다. 믿었던 사람에게 배신을 당하고 경제적 어려움까지 겹치자 말할 수 없는 수치심이 끓어올랐다. 자기가 배신당한 사실을 수용할 수가 없었다. 자신을 배신한 사람을 떠올리면 분노가 치솟았다. 자신이 그동안 해준 것을 생각하면 그 사람의 배신을 상상할 수가 없었기 때문이다. 교회에서 성도들이 모여 있는 것을 보면 자신의 사정을 수군거리는 것 같았다. 그래서 사람들 앞에 나서지 못했고 피해 다녔다. 늘 성도들을 위로할 줄만 알았지 위로를 받게 된 자신이 한심스러웠다.

그러던 어느 날, 그 장로님은 사람들의 시선을 피해 예배당 끄트머리 구석자리에 앉았다. 가엾고 딱한 자신의 꼴을 용납할 수가 없었다. 그래서 이게 뭔가 싶은 마음에 울컥한 마음이 들었고, 감정이 북받쳐 올라 처음으로 하나님께 펑펑 울면서 매달렸다.

"주님! 저는 지금 배신당한 화보다 사람들 앞에 부끄러워서 고개를 못 들겠습니다. 사람들이 다 저를 쳐다보는 것만 같고 제 얘기를 하는 것 같아 교회 나오는 것도 괴롭습니다."

있는 그대로 자신의 모습을 고백했다. 그러자 마음 한구석에서 평안함이 충만하게 밀려왔다. 황막한 바닷가 백사장에 서 있던 기분에서, 출렁이는 금빛 밀물이 내면으로 밀려들었다. 자신의 처량한 신세를 한탄하며 오금 저렸던 몸과 마음이 부드러워지면서 측량할 수 없는 하나님의 사랑을 만끽하는 기분이 들었다. 부끄러웠던 생각은 사라지고 하나님께서 자신과 함께 걷는 은혜의 신비를 경험하게 되었던 것이다.

그날의 체험으로 인해 그는 수치심에서 벗어날 수 있었다. 부족한 모습, 연약한 모습, 있는 그대로 고백할 수 있었고 오히려 성도들의 상황을 이해하고, 그들을 효과적으로 위로하게 되었다. 전에는 인정받는 신앙생활이었지만, 이제는 존경받는 장로님이 되었다. 이처럼 수치심에서 승리하는 길은 자신이 처한 상황을 그대로 하나님께 드러내는 용기가 선행되어야 한다.

다윗은 회복의 과정을 거쳐 수치심에서 벗어나 신앙을 한 단계 성숙시킨 대표적인 인물이다. 다윗은 신하의 아내를 취함으로 큰 죄를 저질렀다. 한 나라의 왕이 신하의 부인에게 유혹을 당해, 그 부인을 취하기 위해 신하를 죽음으로 내몬 방법은 아주 치졸했다. 다윗은 이것을 가장 숨기고 싶었겠지만, 수치를 인위적으로 가리지 않았다. 유혹에 넘어간 자신의 죄를 솔직하게 고백했고 용서를 구했다. 나단 선지자의 책망에 다윗은 자신의 잘못을 진심으로 회개하였다. 다윗은 모세의 율법대로라면 사형을 당해야 했지만(레 24:19-22) 하나님은 다윗을 회복시켜 주셨다(삼하 12장). 하나님은 더 이상 그 수치를 기억하지 않으셨다. 더욱 존경 받고 위대한 성군으로 만들어가셨다.

사실 수치하면 예수님을 빼놓을 수 없다. 예수님께 있어서 성육신 사건은 그 자체가 수치였다. 무엇이든 하실 수 있는 분이 우리의 죄를 사하기 위해 하늘 영광을 버리시고 이 땅에 내려오셨고, 벌거벗기고 찢김을 당하면서 십자가에 달리셨다. 사람들로부터 침

뱉음과 조롱을 당하셨다. 예수님은 그 수치심을 있는 그대로 다 받으셨다. 받은 수치를 다른 사람에게 전가하거나 회피하지 않으시고 승리하셨다.

진실한 고백은 자신의 감정을 솔직하게 인정하는데서 시작한다. 그러기에 그 감정을 고백하는 용기가 필요하다. 상황과 처지를 이해하고 추한 것을 대담하게 이야기해야 한다. 이러한 용기는 처음에는 힘들어도 비극적인 추한 모습도 받아들이게 하고 사랑하게 만든다. 진정한 고백을 통해 끝까지 나를 사랑하고 인정하시는 하나님의 사랑을 느낄 수 있기 때문이다. 나를 위해 수치를 당하셨던 주님, 그 주님의 더할 나위 없는 사랑 앞에서 우리도 자신의 수치와 상처를 드러낼 용기를 얻는 것이다.

자신을 오픈하라

수치심은 사탄이 우리로 하여금 쥐구멍 속으로 숨게 만드는 감정의 교란작전이다. 한국사회에서는 특히 자기 자신을 용기 있게 드러내는 일을 어리석은 행동으로 규정한다. 다른 사람의 수치를 이해하고 감싸기는커녕 놀림거리로 생각한다. 이러한 분위기 탓에 움츠러들고 참된 사회구성원으로서의 기능을 할 수가 없다. 자신의 존재 자체를 절하하여 자꾸 숨게 만들기 때문이다. 그러다 보니 변명과 책임전가가 난무한다.

우리는 수치 앞에서 일시적인 감정에 휘둘려서는 안 된다. 그 순간을 박차고 나와 하나님 앞에 서야 한다. 수치심이 분노로 발전하게 된다면 걷잡을 수 없는 감정의 소용돌이 속에 휘말리게 된다. 감정을 표출하기 전에 먼저 주님을 기억하고 진솔하게 고백해야 한다. 나아가 사람들 앞에 용기 있게 자신의 모습을 드러내 보여야 한다.

삭개오는 수치심으로 뭉쳐있던 인물이었다. 누가복음 19장에 등장하는 삭개오는 키가 매우 작다는 신체적 열등감에 사로잡혀 있었다. 또한 유대 사회의 금기 직업인 세리로 살아가는 일도 수치스러웠다. 하지만 예수님을 만난 뒤로 그는 수치감에서 완전히 해방되었다. 예수님 앞에 자신의 모습 그대로를 보여드림으로 당당한 사회 구성원이 되었다. 수치감에 사람들의 시선을 피했던 그는 자신의 모습을 인정하고 떳떳하게 나서게 된 것이다.

성경엔 그 뒤의 이야기가 등장하지는 않지만 아마도 삭개오는 더 이상 수치스러웠던 자신의 외모, 그리고 직업, 자신이 범한 과

오들에 사로잡히지 않고 이웃과 소통하며 살았을 것이다. 자신의 것을 나누겠다고 예수님 앞에 공표한 내용을 실천하면서 말이다. 이것이 바로 삭개오의 집에 예수님이 머물고자 했던 의도였을 것이다.

수치심에서 승리하기 위해서는 용기 있게 있는 그대로를 드러낼 수 있어야 한다. 주님은 그 솔직한 고백 속에 은총과 귀중히 여김과 용기를 주신다. 그 용기를 가지고 세상 앞에 당당히 설 수 있어야 한다.

수치감에서 승리하기

1. 있는 모습 그대로 나가야 한다.
2. 내 자신을 오픈하는 용기, 사람들과 나의 이야기를 나눌 용기를 구하자.

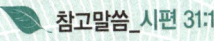
_참고말씀_시편 31:1

Chapter 4
우울 - 삶이 우울하다

더 이상 삶이 아름답지 않다?

한 여인이 있었다. 평소에 꽃을 무척 좋아했었는데 어느 날 갑자기 꽃이 전혀 예쁘게 생각되지 않게 되었다. 심취했던 취미생활도 시큰둥해졌고, 더 이상 무엇인가를 하고 싶은 마음도 전혀 들지 않았다. 점점 무기력해지는 것 같아 병원을 찾았더니 의사가 '우울증' 중기 진단을 내렸다.

우리 사회는 이제 우울의 시대로 접어들었다. '냇가의 붕어도 항우울제를 섭취한다'는 농담이 있을 정도로 그 심각성이 상상을 초월한다. 우울증은 사회적 병폐로 자리잡고 감기 바이러스보다 심하게 전염되고 있다. '나 우울증인가 봐', '정신과 상담을 받아야겠어' 하는 말을 입에 달고 있다. 인터넷에는 우울증 체크리스트가 넘쳐나고 있다. 과거에 병명조차 없던 우울증이 이젠 정신과 의사들에게 각광을 받는 병원 최고의 수입원이 되었다.

우울감과 우울증은 조금 다르다. 둘 다 우울한 마음 상태를 의미하지만 우울감은 우리가 느끼는 감정이고 우울증은 그 감정이 깊어져서 병리적인 증세로 나타난 것을 말한다. 말하자면 지속적인 우울감의 굳어진 형태가 우울증이라는 의미다.

우울감은 어떤 모습으로 나타날까? 우울감은 전방위적으로 삶에 영향을 미치는데 우선 정서적이고 심리적인 것에서부터 영향을 미친다. 삶의 의욕이 없어지면서 불안한 마음이 계속되어 생활의 재미, 의미를 잃게 만든다. 이것은 바로 신체적으로 영향을 미친다. 가슴이 답답해지고, 밤에 잠을 못 이루게 한다. 또 식욕 저하, 두통, 소화불량 등 여러 장애로 나타난다.

신앙인이라고 해서 우울감이 피해가지는 않는다. 어떤 이들은 이것을 이해하지 못하고 믿는 사람들이 말씀 안에서 희망을 찾아야지 어떻게 우울할 수 있는지 반문할 수도 있다. 그만큼 우리가 감정에 연약한 존재이다. 연약함을 끊임없이 극복해야 하는 사실을 반증하는 것이다.

성경은 우울감 때문에 어려움을 겪은 인물을 언급하고 있다. 위대한 사도 바울은 복음 증거자로 살았지만 어려운 일을 당하면서 넘어질 때가 여러 번 있었다. 고린도교회에 보낸 편지를 살펴보면 "우리가 … 힘에 겹도록 심한 고난을 당하여 살 소망이 끊어지고"라는 표현이 나온다(고후 1:8하). 그가 복음을 증거하면서 받았던 고난과 시험은 상상을 초월했다.

바울은 수고를 넘치도록 하였고 옥에 갇히기도 했고 수없이 매를 맞았고, 여러 번 죽을 고비를 넘겼고, 세 번 태장을 맞고, 돌로 맞고, 탔던 배가 파선하여 바다에서 표류하였고, 강도와 동족 이방인의 위험과 수많은 자연 재해에 생명의 위협을 느꼈던 사실을 적시하였다(11:23-27). 바울의 표현대로 살 소망까지 끊어진 상태, 즉 절망에 빠져(despaired) 우울한(depress) 심경을 토로한 것이 전혀 이상하지 않을 정도다. 바울은 자신이 증거한 복음을 받아들이는 사람들을 통해 위로받고 힘을 내기도 했겠지만, 그것을 막으려는 자들의 방해와 공작은 삶의 의욕마저 잃게 만들었다. 전형적인 말기 우울증 증세에 빠졌던 것이다.

요나 선지자 역시 타락한 니느웨성 주민들을 자신의 생각과는 다르게 심판하지 않고 구원하시겠다는 하나님의 뜻을 확인하고 우울감을 겪게 된다. 그래서 하나님의 소명을 거역하고 불순종하면서 하나님께 분노하고 항거한다. 가고 싶지 않은 니느웨로 가라는 명령 앞에서 "여호와여 원하건대 이제 내 생명을 거두어 가소서 사는 것보다 죽는 것이 내게 나음이니이다"(욘 4:3)라고 하였다. 삶의 의욕을 상실한 적나라한 모습을 보여주었다.

성경 속 인물들은 이렇듯 때때로 우울감을 느꼈지만, 모두 극복하였다. 예수님도 우울감을 느끼셨다. 이런 모습을 통해 하나님이시면서도 인간이신 예수님을 발견할 수 있다. 인류의 죄를 대속하기 위해 고통과 죽음 앞에서 지극히 인간적인 모습을 보이셨다. 성경은 예수님께서도 고민하고 슬퍼하셨다고 기록하고 있다.

"내 마음이 매우 고민하여 죽게 되었으니 너희는 여기 머물러 나와 함께 깨어 있으라." _ 마 26:38

죽음 당하는 것을 예감한 예수님은 제자들에게 우울한 감정을 표출하셨다. 매우 고민하여 죽게 될 정도라고 표현하신 예수님의 인간적인 모습을 살펴볼 수 있다.

이처럼 우울감은 사람의 마음을 웅덩이에 빠뜨려 헤쳐 나오지 못하게 만든다. "기가 막힐 웅덩이와 수렁에서 끌어올리시고"라는 그의 시편 40편 2절의 고백처럼 기가 막힌 웅덩이 속에 생각을 빠뜨려 헤쳐 나오지 못하도록 하는 것이 우울감이 아닐까 싶다.

"내 영혼아 네가 어찌하여 낙심하며 어찌하여 내 속에서 불안해 하는가"
_ 42:5

우울감은 내면적인 불안함이 지속되도록 만든다. 우울감은 희망과 멀어지는 상태다. 답답하고 안타깝고 무기력한 절망감이 수렁 안으로 잡아끈다. 결국 절망으로 내몰려 죽음에 이르게 된다. 더욱 문제가 되는 것은 우울증상을 앓고 있는 사람들은 대부분 은둔형 외톨이가 되기 때문이다. 외부와의 접촉을 차단하고 스스로를 무가치하게 여긴다. 이러한 증상을 볼 때, 우울증은 내면을 집요하게 공격하여 정신 기능을 약화시키고 예측할 수 없는 행동을 유발하게 한다.

우울감의 위협

위대한 종교개혁의 선구자인 마르틴 루터((Martin Luther, 1483-1546)를 우리는 알고 있다. 그는 면죄부를 판매하는 일행이 비텐베르크에 왔을 때 비텐베르크 대학 교회 문 앞에 교황청의 잘못을 지적하는 〈95개조 반박문〉을 붙여 종교개혁의 불씨를 지폈다. 그는 회유와 압박에 굴하지 않고 교황청에 맞섰으며 라틴어로 된 신약성경을 독일어로 번역했다. 우리는 그의 신념과 행동을 보고 아주 강직한 사람으로 생각할 수 있겠지만, 사실 그에게는 평생 우울증이 따라다녔다.

특별히 그가 우울증에 관해 많은 글을 쓰고 자신만의 해결책을 내놓았다는 사실을 알고 있는 이들이 많지 않다. 그는 엄격한 아버지 교육열과 학교 생활에 적응하지 못해 심한 우울증을 앓았다. 종교개혁의 기치를 들고 나섰지만 내면은 불안으로 요동쳤다. 다행히 그는 그것을 숨기거나 부끄럽게 여기지 않고, 잘못된 정신감정은 신체적 질병을 일으킨다는 탁월한 통찰력을 가지고 있었기에, 불안할수록 더욱 기도하면서 담대하게 자신을 드러내었다.

우울감은 대상을 가리지 않는다. 마르틴 루터뿐 아니라 위대한 사람들 가운데 우울감으로 심한 고통을 겪은 이들이 많다. 그만큼 우울한 감정은 사람을 가리지 않고 찾아온다. 우울감을 제대로 이해하기 위해서는 그릇된 상식을 바로잡을 필요가 있다. 흔히 우울증은 가족력이 있는 유전적 병증으로 알고 있다. 그러나 이것은 전혀 의학적 근거가 없다. 또한 믿음이 약해서 우울증에 걸렸다는 신앙인들의 태도도 성경의 원리와 맞지 않는다. 오히려 이러한 단정이 우울증을 악화시킨다. 왜냐하면 제대로 진단받고 치료할 수 없도록 만들기 때문이다. 앞서 말했듯 예수님도 우울감을 느끼셨다. 사람들이 느끼는 감정은 그 자체로 잘못된 것이 없다. 그러나 그것을 컨트롤하는 방법에 문제가 있을 뿐이다.

마음의 감기라 불리는 우울증은 누구나 쉽게 걸리는 흔한 질병이다. 우울감이 사회에 끼치는 파장이 커지면서 국가적으로도 부담이 되고 있다. 세계보건기구(WHO) 발표에 의하면 우울증으로 인해 사회가 질 경제적 부담 순위는 1990년 4위에서 2020년에는 심장병에 이어 2위로 상승할 것이라고 전망하였다. 2030년에는 고소득 국가에서 질병 부담 1위로 예측했다. 우리나라의 경우, 현재 국민의 8%가 우울증에 시달린다는 통계가 있다. 건강보험공단에 따르면 우울증으로 병원을 찾은 환자는 2012년 기준으로 58만여 명에 달했는데, 10년 전에 비해 77% 증가한 수치다. 병원을 찾지 않은 가벼운 환자까지 포함하면 더 높은 수치가 예상된다. 건강보험정책연구원이 추산한 우울증에 따른 국내 사회·경제적 비용은 암으로 인한 수치에 육박하고 있다.

우울증의 극단적 표현은 자살이다. 우리나라 자살률은 경제개발협력기구(OECD) 가입국 가운데 1위로 평균 수치의 2배를 웃돈다. 우울증 환자의 66% 정도가 자살을 생각하며, 이 중 10~15%가 실제 자살을 시도하고 있다. 우울증은 가족이나 지인들에게 심적 고통을 주고, 사회적으로도 심각한 피해를 낳기 때문에 우울감에 대해 바르게 이해하고 대처하여야 한다.

먼저 우울감의 원인과 증상을 정확히 알아야 한다. 우울감을 느끼는 가장 큰 이유는 상실감 때문이다. 상실감은 내가 가지고 있는 것이 없어질 때, 의존했던 것이 사라질 때, 중요한 것들이 더 이상 존재하지 않을 때 느낀다. 중요한 것을 잃었을 때 슬픔과 함께 고통을 느끼고 마음이 답답하거나 근심이 생겨 갑자가 활기가 없어지는 것이다. 특히 모든 것을 잃었다고 느끼는 감정을 추스르지 못하고, 마땅하게 대처할 방법을 찾지 못하면 상실감은 더 커지고 심각한 우울감에 빠져들게 된다.

상실을 느끼는 환경은 다양하다. 정신 감정에서 상실은 위기를 가져오는 결정적인 요인으로 해석한다. 상실은 우울감을 촉진시킨다. 아무리 노력하고 애써도 채워지지 않는 물질적인 이유도 있을 것이고, 자신이 소중하게 여겼던 명예가 사라지거나, 도저히 그것을 잡지 못할 때 느낄 수도 있다. 또한 소중한 사람이 영원히 떠났을 때 인생의 의미를 상실하고 우울감에 빠지게 된다. 특별히 건강을 믿고 살았는데 시한부 인생을 판정받으면 그 상실감은 이루 말할 수가 없다. 이렇듯 상실감은 포기와 절망을 동반하여 인생의 기쁨과 희망을 송두리째 빼앗아 간다.

나 역시 우울감을 잠깐 느꼈던 때가 있었다. 어느 날 신문을 보는데 눈이 흐려졌다. 눈을 비비고 힘을 주고 다시 읽어도 글자가 선명하게 보이지 않았다. 아무래도 이상하다 싶어 안과에 갔더니 '노안'이라는 진단을 하였다. 남들 다 거치는 통과의례였지만, 올 것이 왔다는 염려가 들면서도 노안이란 사실을 쉽게 수긍할 수 없었다. 그래서 나이 듦(늙음)에 대해, 더 나아가 인생의 마지막을 생각하게 되면서 우울한 감정이 들었다. 이처럼 우울감은 포기하지 못하는 집착으로 인해 더 극대화한다.

우울감을 느끼게 하는 또 하나의 원인은 상처 때문이다. 자신이 받은 마음의 상처, 즉 아픔 때문에 우울감을 느끼는 것이다. 마음에 상처를 남기는 요인들은 여러 가지가 있는데 누군가에 대한 미안함과 죄책감, 그리고 자신에 대한 억울함, 불안감 등이다. 이러한 감정은 상대방은 물론 자신에게도 분노, 수치를 느끼게 하여 마음에 깊은 상처를 남기게 된다. 이러한 상처는 감정이 해결되지 않고 지속되면 우울증으로 곪게 된다.

또한 계획했던 것이 실패로 끝나고, 성취하고자 했던 일이 이루어지지 않고, 과정은 좋았으나 결과가 좋지 않게 나왔을 때처럼 희망 속에 애착했던 일이 무너져 받게 된 상처는 더욱 고통과 무기력함을 가져온다. 결국 삶의 의욕을 잃고 극단적 선택을 하는 최악의 상황과 맞닥뜨리게 된다.

몇 해 전, 경북의 어느 고등학교에서 전교 1등을 다투던 학생이 자살을 하여 사회에 충격을 준 사건이 있었다. 성적과 진학에 대한 압박으로 인해, 생활도 우등생이었던 학생이 부담감을 견디지 못하고 목숨을 끊었다. 그가 남긴 마지막 말은 아주 의미심장하다. "제 머리가 심장을 갉아먹는데 이제 더 이상 못 버티겠어요. 안녕히 계세요. 죄송해요."

이렇듯 우울감은 개인뿐 아니라 주변 사회에까지 부정적인 영향을 미친다. 결국 마음의 고통을 참지 못하고 미래에 대한 불안에 휩싸여 '차라리 죽어버릴까'라는 생각에 극단적인 선택을 하게 한다. 그러나 전문가들은 우울감이 반드시 나쁜 것만은 아니라고 한다. 우울감은 오히려 자신의 존재 이유와 목적을 생각하게 하고, 의지를 선명하게 해주는 순기능이 있기 때문이다.

흑인운동의 대명사인 마틴 루터 킹(Martin Luther King Jr. 1929-68) 목사도 주위의 냉소와 압박으로 우울감을 느꼈다. 그는 이렇게 고백했다. "고통이 점점 커져갈 때 그 상황을 대처하는 두 가지 방법이 있다. 고통스럽게 반응을 보이는 것, 고통을 창조의 힘으로 변화시키는 것이다. 나는 후자를 선택했다."

우울감은 상실과 상처로부터 파생된 감정이지만 의지를 선명하게 만드는 감정이기도 하다. 그렇기에 그냥 놔둘 것이 아니라 적극적으로 살펴보고 순기능을 작동시켜야 한다.

믿음의 회복으로 우울증을 건져내라

젊은 시절 하나님으로부터 택함을 받은 선지자가 있다. 그는 눈물의 선지자로 불리는 예레미야다. 이스라엘 4대 선지자 중 한 사람인 그는 유다 왕 요시야와 시드기야가 통치할 때 활동했다. 그는 이스라엘을 향한 애국심으로 가득찬, 백성들을 아끼는 온정의 사람이었다.

그는 천성이 내성적이고 나약한 심성을 가졌다. 하나님이 예레미야를 부르셔서 소명을 주실 때 완강하게 거절하였다. 그는 자기의 취약한 모습을 늘어놓으며 선지자의 사명을 회피하였다. 자기는 어려서 말을 잘하지 못한다고 변명하였다. 그는 하나님의 부르심에 자신의 단점을 먼저 생각하였기에 두려움이 앞섰던 것이다. 특히 이스라엘 상황이 좋지 않았기에 백성들의 원망과 불평을 감당할 자신이 없었다. 때로는 왕과 기득권 세력과 맞서야 하기 때문에 언제 위험이 닥칠지 몰라 마음은 소용돌이가 쳤다. 그러나 하나님은 예레미야에게 환상을 보여주시며 확신을 주셨다. 예레미야는 겸손하게 말씀 앞에 순종하였고 단호한 용기로 하나님의 메시지를 전할 수 있었다.

이스라엘은 예레미야의 예언을 무시하고 결국 하나님을 배반했다. 관원들은 타락했고 백성들은 하나님께 악과 반역을 일삼았다. 심지어 이방 신을 따라가기도 했다. 예레미야 선지자의 활동은 부질없었고 오히려 그는 백성들에게 박해와 냉대를 받아야 했다. 그는 곧은 소명의식 때문에 억울하게 옥에 갇히기도 하고 웅덩이에 던져지기도 했다. 특히 하나님의 말씀이 적힌 두루마리 책이 화로에 던져지는 참혹한 일을 겪었다. 여린 감정의 소유자인 예레미야는 계속되는 고난에 우울감도 커져만 갔다. 하지만 그는 그때마다 하나님 앞에 나아가 우울감에 믿음이 잠식당하지 않도록 기도했다.

> "내 고초와 재난 곧 쑥과 담즙을 기억하소서. 내 마음이 그것을 기억하고 내가 낙심이 되오나, 이것을 내가 내 마음에 담아 두었더니 그것이 오히려 나의 소망이 되었사옴은, 여호와의 인자와 긍휼이 무궁하시므로 우리가 진멸되지 아니함이니이다. 이것들이 아침마다 새로우니 주의 성실하심이 크시도소이다." _ 애 3:19~23

예레미야는 우울감을 기도로 승화시켰고, 온전한 믿음을 회복하였다. 오히려 더욱 사명 감당에 충실했다. 하나님께 눈물로 기도할 때에 절망은 하나님을 향한 갈급함으로, 그리고 눈물은 소망으로 변했다. 믿음의 회복이 이루어지자 회개하지 않는 유다를 향해 바벨론에 의해 멸망하게 될 것이란 메시지를 용감하게 전할 수 있었다. 그는 민족의 멸망을 외치면서 질책과 고난을 받았지만 굴하지 않고 하나님의 말씀에 철저히 순종하였다. 그것은 우울감이 빚어낸 지고지순한 믿음의 결과였다. 바다 속의 조개가 상처를 보듬고 진주를 만들어내듯 예레미야는 자신의 상처를 가꾸고 위대한 선지자로 사명을 감당할 수 있었다. 예레미야의 눈물의 고백은 우울감을 극복하는 과정임과 동시에 다른 사람 앞에 나설 수 있는 용기를 얻는 과정이기도 했다.

우울감에서 승리하기 위해서는 연약한 마음 상태를 일으켜 세울 믿음의 회복이 이루어져야 한다. 그래야 자신을 긍정적으로 바라볼 수 있게 되며, 다른 사람에게도 희망을 줄 수 있기 때문이다. 그동안 쌓였던 상한 감정과 상처들을 스스로 극복한다면 앞으로의 어떤 난관도 슬기롭게 헤쳐나갈 수 있다. 누구보다 세상과 단절되었던 아픔과 자기 자신을 비하했던 고독감을 잘 알기에, 더욱 힘차게 살아갈 수 있다.

희망의 아이콘을 꿈꿔라

한 청년이 있었다. 대학을 졸업하고 몇 년째 알바를 전전하며 취업준비를 하고 있었다. 얼마 되지 않는 수입으로 학자금 대출이

자를 납부하면 생활하기에도 빠듯하여 빚은 쌓여갔다. 막다른 골목에 이르렀다고 생각한 그는 모든 희망의 끈을 놓아버렸다. 마지막으로 살던 집의 보증금을 빼 부채를 청산하고 어디론가 떠나고 싶었지만 막상 갈 곳이 없었다.

어쩔 수 없이 찾아간 곳이 교회였다. 학창시절 한때 열심을 냈던 교회라 그런지 낯설지가 않았다. 아무도 없는 예배당에 홀로 앉아 자신의 상황을 푸념삼아 늘어놓았다. 계속 취식 시험에 떨어지면서 낮아진 자존감, 늘어가는 부채에 무기력한 좌절감, 부모님과 형제들에 대한 죄책감, 켜켜이 쌓인 감정들을 토로하였다. 이렇게 마음속에 품은 생각들을 다 쏟아내자 그동안 잊고 지낸 주님이 찾아오셨다. 누구에게 말도 못하고 혼자 감당해야 했던 힘든 그의 마음을 위로해주시는 손길을 느꼈다. 그 순간 가슴이 벅차올라 한참을 울며 마음을 추슬렀다.

왠지 서울역 광장에 가고 싶은 마음이 일었다. 그곳에 간다고 반겨주는 사람이 있는 것도 아니었지만 자신이 할 수 있는 일이 있을 것만 같은 생각이 들었다. 자기를 버리지 않고 찾아오신 주님을 만나고 감동이 생겼다. 모든 사람이 자신을 몰라주지만, 무언가 자신에게 할 수 있는 일이 있을 것이라는 확신이 들었기 때문이다.

서울역에 나간 그는 마땅하게 할 일이 없었다. 그의 주머니에는 노점상에서 귤 몇 개를 살 돈이 있었다. 그림 재주가 있는 청년은 귤을 사서 희망의 메시지를 담아 오가는 사람들에게 전해주고 싶었다. 그는 길바닥에 쪼그리고 앉아 사인펜으로 '웃는 귤', '희망을 주는 귤'을 그리기 시작했다. 이러한 모습을 보고 주위 사람들이 몰려들어 구경을 하였다. 청년은 사람들에게 그린 귤을 나누어 주었다.

많은 사람들이 즐거워하는 표정에 보람을 느낀 청년은 다음 날도 서울역에 나가 희망의 귤을 나누어주었다. 그러다보니 후원해주는 사람도 생겼고, 청년의 심성과 재능을 알아본 이가 있어 그는 안정된 직장을 얻게 되었다. 이처럼 가장 힘들고 고통스러운 순간에 주님 앞에 나아가 드렸던 고백이 그를 희망의 메신저로 변화시킨 것이다.

우울감에서 승리하는 길은 믿음의 회복을 통해 스스로 다른 이들에게 희망이 되어주는 것이다. 우울감은 희망을 잃었기 때문에 생겨난 것이기에 누군가에게 희망이 되어준다면 쉽게 빠져나올 수 있다.

두 팔과 다리가 없어도 희망 전도사로 전 세계를 다니는 닉 부이치치(Nick Vujicic)의 이야기를 우리는 잘 알고 있다. 그의 명성은 희망의 상징이 되었지만 그냥 저절로 얻게 된 것이 아니다. 그 역시 깊은 우울감에 빠졌던 시절이 있었다. 그는 부모조차도 충격을 받을 정도로 태어날 때부터 남들과 다른 신체 조건을 가지고 있었다. 그로 인해 사람들로부터 받는 차별과 조롱은 그를 깊은 좌절에 빠지게 했고, 몇 차례나 자살을 시도하게 했다.

신체부자유자는 공립학교에 다닐 수 없다는 호주의 법령 때문에 정신적 장애가 아니었음에도 차별을 받았고, 법이 바뀌어 호주 최초로 공립학교에 들어갔어도 따돌림을 피할 수 없었다. 여덟 살 때부터 자살을 생각했고, 심지어 팔과 다리가 생겨나게 해달라는 기도를 하였다. 하지만 하나님은 그의 기도를 들으시지 않으셨다. 하나님은 그에게 환경이나 신체를 변화시켜주신 것이 아니라 그에게 믿음을 주시고 생각을 변화시켜주셨다. 그는 자신의 신체조건으로 많은 사람들에게 영감을 줄 수 있다는 사실을 깨달았다. 오히려 감사의 조건이 되었던 것이다. 그는 자신의 신체를 활용해서 거꾸로 희망을 주는 사람이 되기로 다짐했다.

그 후, 작은 기적들이 일어났다. 닉이 전하는 희망의 메시지는 전 세계 사람들에게 위로가 되었고 희망이 되었다. 특히 신체장애인은 물론 우울감에 빠진 사람들에게 의지와 노력이 있으면 모든 난관을 극복할 수 있다는 도전 의식을 심어주었다. 그의 삶은 사람들의 가슴을 울렸고 마음을 열게 만들었다.

닉은 스스로 먼저 희망을 주는 사람이 됨으로 긍정의 아이콘이 되었고, 전 세계의 많은 사람들에게 우울감을 떨칠 수 있는 희망의 메신저가 되었다. 이처럼 우울감에서 승리하기 위해서는 믿음을 통한 회복 과정을 거쳐, 내 안에 있는 감사의 씨앗을 발견하고 그것을 활용하여 더불어 함께 살아가야 한다.

우울감에서 승리하기

1. 우울감의 원인과 증상을 이해하자.
2. 믿음의 회복을 통해 나오는 감사를 고백하자.
3. 자신이 먼저 희망을 주는 사람이 되자.

 참고말씀_시편 40:1-2

II

관계로 인해 꼬이는 감정 고백

틀어진 감정은 모든 관계를 마비시켜 나간다.
상한 감정의 원인을 직시해야 한다.
하나님과의 관계회복이 우선이다.
하나님은 솔직한 우리의 고백을 들으시고
마비된 모든 관계를 회복하여 친밀감을 더하신다.

Chapter 5
질투 - 지금은 질투 중

질투는 나의 힘?

　남녀의 질투에 관한 재미있는 심리연구 결과를 소개한다. 옛날 친구들을 만났을 때 남녀가 바라보는 관점이 다르다는 것이다. 남성은 사회적 위치와 경제적 능력을, 여성은 외모를 평가기준으로 삼는다는 것이다. 남자들은 '그 친구 뭘로 출세했지. 공부도 나보다 못했었는데'라고 하면서 은근 무시를 하고, 여자들은 '그 친구 집도 가난했고, 못생겼었는데, 지금은 예쁘단 말야'라고 하면서 부러움을 느낀다고 한다.
　여기에 남녀의 심리적 기저가 있다. 보통 남성들은 경제력과 사회적 지위, 재능을 가지고 라이벌과 상대적 우위를 판단하는 기준으로 삼지만 여성들은 외모에 좌우된다는 것이다. 질투심을 느낀

후 대처하는 방법도 다르다. 남성은 질투의 대상을 향해 계속 만나길 원하고, 언젠가는 그를 통해 무언가 얻어내려고, 그에게 자신의 존재감을 부각시킨다. 그러나 여성은 질투심을 느낀 대상을 기회가 되면 깎아내린다고 한다. 오히려 다른 친구를 만나 흉보는 것을 즐긴다고 한다. 이처럼 남녀 가리지 않고 누구나 질투를 느끼는 존재라는 사실을 알 수 있다.

지금은 중계방송을 중단했지만, 미스코리아 선발대회를 텔레비전에서 보여주었다. 여성미를 상품화하여 사회의 잘못된 외모지상주의를 부추긴다는 비판이 있어도 60회가 넘도록 계속되고 있다. 예년과 비교하여 대중적 관심이 많이 떨어졌지만 생중계되는 방송은 어느 스포츠 경기보다 국민적 관심이 컸다. 특히 마지막 영예의 자리를 발표하기 직전에는 긴장감이 최고조에 이른다. 최종 두 명 남은 후보자에게 진행자가 시간을 끌면서 보통 이런 질문을 했다.

"누가 미스코리아 진이 됐으면 좋겠어요?"

이 잔인한 질문에 두 사람은 꼭 '형님먼저 아우먼저' 하며 양보하는 미덕을 보였다. 결국 최고의 미인이 발표된 순간, 남은 사람의 표정에서 상대에게 축하하는 마음보다는 아쉽고 허탈한 감정이 스쳐가는 것을 보게 된다.

이러한 사실은 미스코리아 출신의 어느 연예인이 방송에서 밝힌 인터뷰에서 확인할 수 있다. 최고의 미인으로 다른 사람이 호명되었을 때 그 기분이 어떠했는지 묻는 질문에 이렇게 대답했다.

"당연히 질투가 나죠. 그 상황에서 미스코리아 진이 되고 싶지 않은 사람이 어딨어요? 그냥 물어보니까 아닌 척 하는 거지요. 나중에 선이 되고 난 뒤 무척 속상했어요."

역시 질투는 남녀노소를 막론하고 누구나 느끼는 감정이다. 질투를 느끼는 대상도 다양하지만 질투의 원인도 참 여러가지다. 우리 집보다 더 넓은 아파트, 더 좋은 고급 승용차, 감히 자신은 구입할 수 없는 고가의 명품을 보면 질투를 느낀다. 또한 좋은 가문과 연봉이 많은 직장도 그렇고, 입사동기지만 능력보다는 배경과 아부로 나보다 앞서갈 때는 질투 이상의 감정을 느낀다. 단지 이런 사회생활에서의 경쟁뿐만 아니라 외모와 몸매를 보고도 질투를 하게 된다. 외모는 스펙보다 중요한 사회가 되었다. 특별히 청소년들에게 우월한 자존감을 내세우는 최우선순위가 되었다.

신앙생활에 있어서도 질투를 유발하는 일들을 겪는다. 분명히 자기보다 늦게 예수님을 영접했는데 오히려 믿음이 빨리 성장하고 더 많은 축복을 누리는 것 같고, 교회에서의 직분은 물론 주요 사역을 담당하는 성도를 보면 질투가 나기도 한다.

그러고 보면 질투란, '다른 사람이 잘되거나 자신보다 앞서서 좋은 위치에 있는 것을 시기하여, 미워하며 깎아 내림'이라는 사전적 설명처럼, 자기가 갖고 있지 않은 것을 가진 사람들을 보면서 자기 자신을 초라하게 만들고 그 모습에 분노가 치밀어 오르는 현상이다.

질투의 대상은 멀리있지 않다. 앞서 살펴본 것처럼 대부분 자신과 가깝고 연관이 깊은 사람에게 느끼는 감정이다. 친척이나 형제, 친구처럼 가까운 사람에게서 더 강하게 느낀다. 나와 깊은 이해관계가 있기 때문이다. 이해관계가 없으면 그저 부러움 정도로 그치고 질투도 생겨나지 않는다. 질투는 그 자체가 죄악의 뿌리가 된다. 이처럼 질투는 가까운 대상으로부터 다양한 비교 기준에 따라 느끼는 복잡미묘한 감정이다.

질투의 끝

질투는 가까운 사이에서 일어나는 감정의 불꽃이다. 우리가 잘 알고 있는 것처럼 사울의 다윗에 대한 질투는 명확한 사례를 보여준다. 골리앗을 물매와 돌 한 개로 쓰러뜨리고 풍전등화 같았던 이스라엘을 승리로 이끈 다윗은 순식간에 나라를 구한 영웅으로 칭송을 받게 된다.

그의 용맹한 모습은 사람들의 마음을 사로잡았다. 사울이 전쟁에서 승리하고 개선할 때 모든 성읍에서 백성들이 나와 열렬한 환영을 했다. 그러나 여인들의 노랫소리에 사울의 감정이 상했고 다윗을 곱지 않게 주목하기 시작한다. 다윗을 자신보다 더 높게 칭송하였기 때문이다. "사울이 죽인 자는 천천이요 다윗은 만만이로다"(삼상 18:7).

사울은 그때부터 다윗을 의식하였고 점점 질투는 심화되어 갔다. 사울은 다윗을 나라를 구한 영웅으로 처음에는 대견하게 생각했지만, 백성들의 노래에 자신이 비교 당하는 것을 느끼는 순간 심히 격노하였다.

> "사울은 이 말이 비위에 거슬려 몹시 화를 내며 투덜거렸다. 다윗에게는 수만 명을 죽인 공을 돌리고 나에게는 고작 수천 명을 죽인 공밖에 돌리지 않으니 왕의 자리마저 그에게 돌아가겠구나." _ 18:8 공동개역 개정판

사울이 '일만 일천으로 계산'하고 모두 자기 것으로 생각했다면,

성경의 역사는 어떻게 전개되었을까? 그는 왕이기 때문이다. 사울은 다윗이 백성들로부터 더 높은 칭송 받는 현장을 목격하고 악령(질투)에 사로잡히게 되었다. 그래서 사울은 정신질환 증세를 보이게 된다.

성경은 "그날 후로 사울이 다윗을 주목하였더라"(9절)고 기록하고 있다. 새번역성경은 "그 날부터 사울은 다윗을 시기하고 의심하기 시작하였다"라고 표현하였다. 영어 성경에서는 '질투의 눈'(jealous eyes, NIV)으로 바라보기 시작했다고 번역하였다. 질투라는 감정이 사울 왕의 마음을 사로잡는 순간부터 다윗을 언젠가는 제거해야 할 상대로 관찰하였던 것이다.

질투에 눈이 멀었다는 표현처럼 사울은 질투의 화신이 되어버렸다. 질투에 눈이 뒤집혀 신앙과 이성을 잃어버렸다. 악한 영에 시달리며 정신없이 떠들었다. 다윗은 수금으로 그 마음을 위로하지만, 사울의 감정은 공격성으로 변해 다윗에게 창을 던졌다. 질투는 한 번 시작하면 끝장을 내려는 특징이 있다. 사울은 자신의 질투심을 숨기고 다윗을 처리할 간계를 생각해냈다. 정략적으로 사위로 받아들였다. 그리고 여호와의 싸움을 싸우라 하고 블레셋과의 전투에 내보냈다. 표시나지 않게 다윗을 없애는 방법이었다. 이러한 사울의 질투로 인해 다윗은 생사의 고비를 여러 번 넘겨야 했다.

질투하면 가인과 아벨의 이야기도 빼놓을 수 없다. 형 가인은 동생 아벨에게 분노하여 안색이 변했다. 여호와께서 아벨의 제물을 받았지만, 자신의 제물을 받지 않았기 때문이다. 이에 가인은 동생을 들로 데리고 나가 쳐죽였다(창 4:3-8). 이처럼 질투심은 외부로부터 오는 감정의 충돌이다. 이 충돌에서 깨진 감정은 자신을 망가뜨리고, 인간관계를 깨뜨리는 핵심요소인 것이다.

질투심이 들어오면 여러 피해가 발생한다. 먼저 자기 자신이 불행하게 된다. 질투는 대인관계는 물론 공동체를 파괴하게 된다. 질투는 내게 없는 것을 누군가가 갖고 있으면 그것을 받아들일 수 없게 만들기 때문이다. 그 사람을 흠집 내야 직성이 풀리는 독으로 작용한다. 자기 기준에 상대방을 깎아내리려는 시도가 계속되어 상상할 수 없는 상황들이 발생한다.

그렇다면 질투의 대상이 사라지면 들끓던 질투심도 사라질까? 결코 그렇지 않다. "여우 피하려다 호랑이 만난다"라는 속담이 있듯이, 어디선가 그 사람보다 더 강한 다른 사람이 나타나게 되고 또다시 질투심과 싸워야 한다. 결국 질투의 순환을 벗어나지 못하고 감정은 더욱 깊게 손상된다.

 질투는 사람의 분별력을 흐리게 한다. 사울 왕은 백성들의 노래로 인해 질투에 사로잡혔다. 그 노를 삭이지 못하고 분별력을 상실한 행동을 계속 보이게 된다. 속에서 열불이 일어나자 그는 올바른 판단을 하지 못하고 이성을 잃었다. 사실 그가 다른 각도로 조금만 생각을 달리했더라면 그 일을 이루신 하나님을 높이고 이스라엘의 초대 왕으로 입지를 굳건히 하고 나라의 기반을 강화할 수 있었을 것이다. 게다가 자신의 광기에 대항하지 않고 왕위를 찬탈하지 않으려는 다윗의 행동을 보고 평정심을 되찾을 수 있었을텐데 아무 것도 깨닫지 못했다. 올바르게 판단할 수 있는 분별력이 흐려진 것이다. 마침내 모든 판단력이 흐려진 사울은 점점 미쳐갔다. 왕이라는 권세에 취했고 왕이라는 자리에 집착하여 열등감과 질투심으로 다윗만 쫓다가 허무하게 삶을 마감하였다.

 사울의 모습에서 살펴본 것처럼 질투는 판단력을 마비시킨다. 특별히 대인관계에서 오해를 불러오기도 한다. 다윗이 자신의 생명을 취할 수 있었음에도 자신의 권위를 예우한 것을 깨닫지 못해 계속적으로 트집을 잡았다. 우리도 마찬가지다. 대인관계에서 오해가 비롯되는 것은 바닥에 질투가 깔려있기 때문이다. 왠지 기분

나쁘게 처다보는 것 같고, 무슨 말을 해도 무시하는 것처럼 느껴지고, 상대방의 모든 말과 행동이 가식적으로 보이게 된다. 질투심은 나에게 섭섭병을 들게 하고, 상대를 향해 괘씸죄를 적용하게 만든다.

그러다보니 상대방 하는 일이 사사건건 마음에 들지 않고, 평가 절하하기 위해 꼬투리를 잡는다. 잘되는 것보다 상대방의 파멸과 불행을 바라면서, 상대방이 힘들어하면 은근히 즐기게 된다.

어떤 여성이 다이어트에 계속 실패하자 이런 기도를 드렸다.
"하나님 저를 날씬하게 해주세요. 날씬하게 할 수 없다면 다른 사람들을 모두 살찌게 해주세요."

다이어트 열풍이 뒤덮은 우리 사회에서 이 소원은 날씬한 몸매를 바라는 소소한 애교로 볼 수 있겠지만, 질투의 시각에서 볼 때 결국 남의 불행을 바라는 부정적인 본능이라 할 수 있다. 질투가 마음에 들어오면 공동체는 화합하기 어렵다. 반목과 질시가 반복되고 자꾸 상대방을 끌어내려 불행하게 만들기 때문이다. 겉으로는 아무렇지 않은 척 하지만 결정적인 순간에 툭 던지는 말로 전체의 분위기를 흐린다. 구체적이고 명확한 근거도 없이 질투심에서 비롯된 파급력은 공동체를 무너뜨릴 수도 있다.

질투는 무척 가까운 곳에서 아주 사소한 이유로 시작된다. 그러나 감정이 극대화되면 걷잡을 수 없는 여러 상황으로 번진다. 이미 살펴본 것처럼 자신은 물론 주변까지 불행하게 만들고, 하나님에 대한 사랑도 식게 만드는 무서운 감정이기 때문이다.

질투는 나의 힘? 나의 함정이다

예수님이 공생애를 시작하시기 전, 먼저 온 선지자로 쓰임 받은 침(세)례 요한이 있었다. 그는 예수님이 오실 때를 준비하며 "회개하라 천국이 가까이 왔느니라" 외치며 사명을 감당했다. 그의 영성이 워낙 충만하다보니 사람들이 뒤에 오실 메시야와 요한을 은근히 비교하며 질투를 부추기기도 했다. 하지만 이에 대해 그의 태도는 단호했다.

"그는 흥하여야 하겠고 나는 쇠하여야 하리라." _ 요 3:30

그는 자신에게 주신 사명, 자신에게 주신 은혜만으로도 충분하다는 것을 깨닫고 예수님을 향한 질투 따윈 추호도 갖지 않았다.

질투심은 그 자체가 함정이라는 사실을 알아차려야 한다. 선한 거짓말을 곧잘 우리가 사용하고 있다. 그것 역시 거짓말이기에 정당화될 수 없듯이, 질투 역시 우리가 분발할 수 있도록 만드는 계기가 된다고 해서 정당화시킬 수 없다.

그러므로 질투에서 벗어나기 위해서는 질투 자체가 문제인 것을 인정해야 한다. 어떤 사람을 향해 입으로는 축복한다고 하면서도 괜히 속상하고 배가 아프다면, 그 밑바닥에 상대방과 자신을 비교하는 질투가 깔려있는 것이다. 오죽하면 "사촌이 땅을 사면 배 아프다"라는 말도 있을까?

영화 〈아마데우스〉(Amadeus, 1984 제작)를 보면 궁중악사로 믿음이 신실했던 안토니오 살리에르(F. 머레이 에이브러햄)가 등장한다. 그는 음악성이 뛰어나고 신앙도 좋은 사람이었는데 모차르트(톰 헐스)의 등장으로 인생이 뒤바뀐다. 천재적인 음악가의 실력을 질투하기 시작했다. 그러나 그도 누구 못지않은 재능이 있었기에 음악사에 위대한 업적을 남길 수도 있었다. 하지만 질투에 사로잡혀 하나님을 저주하는 등 나락으로 떨어졌다.

살리에르가 모차르트를 인정하고 그의 음악성을 지도하였다면 두 음악가는 더 큰 시너지 효과를 냈을 것이다. 하지만 둘은 상극이었는지 모차르트도 살리에르를 질투하고 모함하였다. 결국 근면과 성실로 자신의 입지를 굳혔던 살리에르는 모차르트의 천재성을 인정하기 싫었는지 질투에 사로잡혀 치매를 앓고 요양원에 들어가는 인생이 되었다. 베토벤과 슈베르트에게 존경을 받으며 사회적으로 성공했던 그가 질투로 인해 실패자가 된 것이다.

   질투는 그 자체를 인정하는 것만으로도 함정에서 빠져나올 수 있다. 겉으로는 '아냐 난 괜찮아. 저 사람이 잘 됐으면 좋겠어'라고 하지만 속으로는 온갖 악감정을 품고 있으면 질투에서 벗어날 수 없다. 무엇보다 주님 앞에 나아가, 그를 향한 질투를 털어놓고 도우심을 간구하라. 질투는 정당화될 수 없다. 질투는 선한 계기로 작동할 수 없다. 다른 이를 깎아내리면서 자신도 깎아내려 동반하락에 빠지게 한다. 이 함정을 깨닫고 대처해야 한다.

질투에서 벗어나기 - 질투의 대상을 사랑의 대상으로 바꾸기

   어느 교회의 학생회에서 있었던 일이다. 고등부에서 열심히 함께 활동하던 두 남학생이 안타깝게도 서로 등을 돌려 패가 갈렸다. 한 친구는 공부도 꽤 잘하고 모범적인 학교생활을 했고, 다른 친구는 운동에 소질이 있었고, 관계지향적이었다. 그런데 서로의 장점이 조화를 이루었으면 좋았을 텐데, 갈등의 원인이 되었다. 상대의 장점이 자신의 존재를 해치는 질투의 요인이 된 것이다. 그들은 뭐든 따로 움직였다. 그러다보니 친구들도 두 패로 나뉘게 되었다. 처음엔 별 문제가 없었지만 시간이 지나면서 서로를 반목하고 헐뜯는 말이 많아졌고, 심각한 교회 문제로 이어졌다.

그러다가 학생회 체육대회가 있던 날, 활동적인 집단이 득세를 하게 되면서 문제가 발생했다. 자기 편이 계속 경기에서 밀리자 공부 잘하던 학생의 감정이 폭발하여 주먹질이 오갈 험한 지경에 이르렀다. 다행히 분위기를 파악한 담당 부서 목사가 빠른 수습에 나섰다. 둘의 이야기를 듣고 서로 상대방의 못마땅한 점을 써 내도록 했다. 적힌 내용을 보면 상대의 장점을 깎아내리는 것들이었다.

담당목사는 리스트에 적힌 냳용을 칭찬으로 바꾸고 그 이유와 실재 행동, 우정의 소중함을 글로 정리하여 둘에게 보여주었다. 그것을 읽은 두 학생은 자신의 장점을 더욱 분명하게 알게 되었고, 그것이 친구들에게 질투를 유발한다는 사실을 깨닫게 되었다. 그래서 화해를 하고 서로의 좋은 점을 인정하고 배려를 하게 되었다. 둘의 관계 회복은 학생회의 화합과 성장을 가져왔다.

그런데 얼마 뒤 안타까운 소식이 들렸다. 운동을 잘하던 학생이

급성 백혈병으로 병원에 실려가 응급 치료를 받았다는 것이다. 그리고 주일에 교인들은 두 명의 까까머리를 보았다. 백혈병으로 치료를 받고 나온 학생과 그에게 실과 바늘처럼 된 단짝 친구였다.

"친구 따라 강남 간다잖아요. 친구가 쪽팔릴까봐 저도 같이 밀었어요."

약물치료를 하다보면 머리카락이 빠지기 때문에 환자들은 대부분 삭발을 한다. 그래서 삭발한 친구가 어색해하지 않도록 격려하기 위해 머리를 밀고 나타났던 것이다. 친구를 위한 퍼포먼스에 온 교회 성도들이 은혜를 받고 눈물을 흘렸다. 두 친구는 밤톨 같은 서로의 머리를 만지면서 뭉클한 우정을 나눴다.

질투에서 벗어나는 방법은 자신이 가지고 있는 것을 발견할 때 가능하다. 자신이 없는 것에 초점을 맞추면 불가능하다. 하나님이 자신에게 주신 것을 세어보는 것만으로도 우리에겐 감사의 조건이 넘쳐난다. 자신의 장점을 생각해보라. 떠오르는 것이 없으면 자신보다 어렵고 불편하게 사는 사람을 생각해보라. 살아있다는 자체가 감사이기 때문에 질투 자체가 무의미해진다.

그렇게 바라보는 초점을 전환하면 질투의 대상에 대한 시선도 바뀐다. 앞서 살펴본 것처럼 질투의 대상은 대부분 가까운 사람들이기 때문에 질투가 사라지면 평생 서로에게 힘이 되어줄 수 있다. 그러므로 모든 사람을 사랑해야 할 대상으로 여길 때 질투에 잠식 당하지 않는다.

　회사의 상사 때문에 힘들어하던 한 사람의 이야기를 하겠다. 그의 직속상사는 신입사원 시절부터 자신의 일거수일투족을 감시하고 지적했다. 처음에는 사회생활의 초보인 자신을 아끼는 것으로 생각했지만 갈수록 도가 지나쳤다. 사사건건 하는 일에 간섭했고, 자신의 업무까지 떠맡겼다. 심지어 휴일에도 회사로 불러 일을 시키곤 했다. 가장 힘들고 괴로운 것은 회식 때마다 술을 권하는 것이었다. 크리스천인 그가 신앙 양심상 단호하게 몇 번 거부하였다. 그러자 기분 상한 상사는 직장 사람들에게 자신을 비방하며 고립시켰다.

　더 이상 참을 수 없는 지경에 이르렀다. 그러나 상사의 눈 밖에 나서 해코지를 당할까 겁이 나서 아무한테 말을 하지 못하고 속을 앓았다. 결국 회사를 그만두겠다고 다짐을 하고 출근을 했는데, 회사 신우회의 다른 선배가 어떻게 알았는지 다가왔다. 그리고 자신의 고충을 들어주었고 기도를 권했다. 자신의 솔직한 심정을 주님 앞에 털어놓으라는 말에, 일단 사표를 내지 않고 교회로 발길을 옮졌다. 아무도 없는 예배당에서 하나님께 그동안의 심정을 모두 내려놓았다.

그 사람에 대한 미움과 분노, 계속되는 무시와 간섭에 무너진 자존심을 털어놓았다. 그리고 상사가 교통사고가 나거나 병에 걸려 죽었으면 했던 상상을 고백하였다. 심지어 아무도 모르게 상해를 입히려 했던 생각도 솔직히 아뢰었다. 얼마쯤 기도를 했을까? 생각만 해도 진저리치게 되는 그 상사에 대한 연민이 생겨났다. 그도 신앙인이란 말이 떠올라 혼란스러웠지만 불쌍한 마음이 들었다. 하나님께서 안타깝게 그를 지켜보고 있을 것만 같았다. 내가 증오할수록 하나님께서 나보다 더 아파하실 것 같다는 생각이 스치면서 더 이상 그를 미워하는 기도가 나오지 않게 되었다.

그리고 그를 위해 기도해야겠다는 생각이 들었다. 그도 불완전한 사람일 뿐이고 사랑해야 할 대상이라고 생각하니 비록 자신이 힘들어도 회사를 그만둘 이유가 없어졌다. 그 상사만 보면 예전의 주눅 들고 어둡던 모습이 아닌 오히려 먼저 다가서고 상사에게 예를 다하는 밝은 모습으로 바뀌었다. 감정이 변하자 행동도 변하였다.

위에서 언급한 두 남학생의 경우나 어려움을 겪은 직장인의 이야기처럼, 상한 감정은 그 원인과 대상을 생각하면 할수록 증오와 분노를 초래한다. 대신 관점을 달리하여 그 대상을 사랑으로 바라보면 관계회복은 물론이고 다른 이들에게 감동과 도전을 줄 수 있다.

넓게 볼 때 우리는 모두 하나님의 자녀이며 하나님의 사랑받는 존재다. 하나님이 사랑하시는 대상을 우리가 질투의 시선으로 바라본다는 건 아버지 되신 하나님을 무시하는 것과도 같다.

그러므로 감정을 아프게 만드는 대상을 사랑의 대상으로 바꾸면, 감정은 더 이상 무거운 것이 되지 않는다. 요한일서 5장 3절은 "하나님을 사랑하는 것은 이것이니 우리가 그의 계명들을 지키는 것이라 그의 계명들은 무거운 것이 아니로다"라고 말씀한다. 사실 하나님의 계명을 지키는 일이 무겁게 느껴질 때가 많다. 특히 마음 속에 근심이 있거나 뭔가 잘못한 일 때문에 걸리는 부분이 있을 땐 더욱 그렇다. 그런데 사랑이 회복되었을 땐 계명이 하나도 무겁지 않다. 하나님 앞에 다가가는 게 기대되고 내려놓는 일이 아무렇지 않게 된다. 사랑으로 친밀한 관계가 회복되므로 의무나 책임보다는 의지와 열정, 관심이 생기는 것이다.

질투의 대상이 사랑할 대상으로 바뀌게 되면 자연히 돕고 싶은 마음까지 갖게 된다. 상한 감정을 가져다준 대상 역시 상처를 안고 있는 경우가 대부분이다. 먼저 겪은 자신의 경험을 토대로 상대방을 이해하고 위로할 수 있다. 고린도후서 1장 4절에 "우리의 모든 환난 중에서 우리를 위로하사 우리로 하여금 하나님께 받는 위로로써 모든 환난 중에 있는 자들을 능히 위로하게 하시는 이시로다"라고 말씀한다. 즉 우리의 감정이 치유됨으로써 미움과 증오의 대상이었던 사람들을 사랑의 대상으로 바꿀 수 있다. 하나님은 우리에게 도울 힘을 주신다.

질투에서 승리하기

1. 질투가 문제인 것을 인정하자.
2. 남의 가진 것보다 내게 주신 은혜를 바라보자.
3. 질투의 대상을 사랑의 대상으로 바꿔라.

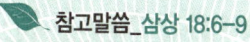 참고말씀_삼상 18:6-9

Chapter 6
억울 - 이렇게 억울할 수가

억울한 심정

버스를 타고 가다가 교통사고로 세 명의 승객이 다쳤다. 한 사람은 번호판을 잘못보고 탔다가 사고를 당했고, 또 한 사람은 졸다가 정류장을 지나쳐 사고를 당했다. 마지막 사람은 이미 출발한 버스를 허둥지둥 달려가 굳이 잡아탔다가 사고를 당했다. 세 사람의 승객 중에 누가 제일 억울할까? 누구를 콕 집어 설명하기가 힘들 정도로 애매하다. 만약 버스 번호를 잘못보고 열심히 뛰어서 겨우 탔는데 졸다가 정류장을 지나쳐서 사고를 당한 승객이 있다면 가장 억울한 사람일까?

그러나 꼭 세 사람 뿐만 아니라 도로 사정을 훤히 알고 있는 버스 기사도 억울할 수 있다. 그날따라 교통 정체로 인해 늦어진 배

차시간에 쫓겨 쉬지도 못해 졸음을 참으며 서둘러야 했고, 잘못 탄 승객의 푸념으로 괜히 짜증이 나서 운전 집중을 하지 못했을지도 모른다. 이처럼 자신의 행동을 상대적으로만 생각한다면 이 세상에 억울하지 않은 사람은 한 사람도 없다.

세상엔 두 종류의 사람이 있다. 억울한 사람과 더 억울한 사람으로 나뉜다는 우스갯소리가 있을 정도로 억울한 감정은 누구든지 상황에 상관없이 느끼는 감정이기도 하다. 특히 억울함의 강도가 클 땐 오랫동안 자신을 힘들게 한다.

어떤 형제가 이런 이야기를 들려주었다. 고등학교 재학시절 한문 과목 시험 시간이었다. 한자 쓰기용 노트에 답을 쓰고 제출해야 하는데 시간에 쫓겨 비뚤비뚤 찢겼다. 답안지를 거둔 선생님은 다른 학생의 가지런한 답안지와 다르게 삐져나와 있는 걸 보고 누가 이렇게 찢었느냐고 큰 소리를 냈다. 학생이 일어나자 선생님은 시험지를 빼들고 다가와 얼굴을 치며 말했다.

"넌 종이도 제대로 못 찢냐?"

체벌은 거기서 끝난 게 아니라 학생 자리에서 교실 끝으로 밀려갈 때까지 계속 때렸다. 종이 한 번 반듯하게 자르지 못했다는 이유로 친구들 앞에서 한참을 얻어맞은 사실이 너무도 억울했다. 그는 그날 당했던 일로 인해 잠을 이루지 못했고, 많은 시간이 지났어도 악몽처럼 자신을 괴롭게 한다고 털어놨다. 그 억울함이 트라우마가 되어 생활습관이 변화되었다고 한다. 지금도 무엇을 자르거나 정리할 것이 있으면 강박관념으로 작용하여 선과 각을 맞추고 있다고 하였다. 그의 이야기를 들으며 내 아픔처럼 안타깝게 느껴졌다.

이런 비슷한 경험들이 있을 것이다. 어린 시절 학교에서 받은 단체기합처럼 잘못한 일이 없는데도 공동체라는 이유로 함께 벌을 받았던 순간이다. 또한 친구들이 모두 큰 소리로 떠들고 장난쳤었는데, 하필 마지막으로 한마디 했다가 선생님께 걸려 대표로 꾸중을 들을 때의 억울함은 당해보지 못한 사람은 모른다. 특히 청장년 남성들은 군 복무 중에 받았던 단체기합의 힘들었던 추억들이 있을 것이다.

이렇듯 자신이 한 일이 아닌데 잘못을 뒤집어썼을 때, 잘못을 하긴 했지만 남들보다 더 많은 지적을 당할 때, 불공평한 평가를 받거나 부당한 대우를 받았을 때 등등 우리는 억울하다고 말한다. 억울함이란 마음먹은 대로 일이 되지 않거나 누명을 썼을 때 느끼는 감정이다.

여러 조사결과를 보면 우리나라 사람들이 화병에 많이 걸린다고 한다. 화병을 울화병, 즉 마음에 울화가 치밀어 병이 된 경우를 말하는데 대부분 억울하거나 분한 마음을 삭이지 못해 그 화가 악화되어 발병한다.

어떤 취업 포털사이트에서 직장인을 대상으로 설문조사를 하였다. 억울했던 경험이 있었느냐는 질문에 대해 90.8%, 그러니까 10명 중 9명이 그렇다고 대답했다. 그 원인을 살펴보면 주로 인간관계에서 오는 억울함이 가장 컸다. 인사고과에서 누락됐다거나, 누명을 썼다거나, 성과를 빼앗겼거나, 기획이 이용당했다거나, 엉뚱한 비난을 들었다거나 하는 이유로 울화가 치민 것이다.

실제 한국인의 울화는 다른 문화권에 비해 더 비중이 크다. 많은 문화심리학자들이 한국인의 심리를 연구할 때 한(恨)과 정(情) 그리고 억울함을 중요하게 보는데, 억울함이 해소되지 않을 경우 한이 될 확률이 크기 때문이다. 그만큼 우리들의 심리는 가정 및 사회의 환경에 반응하게 된다.

누구나 세상이 공평하기를 원한다. 그러나 살다보면 자신의 잘못으로 인해, 다른 이들의 오해로 인해, 또는 다수의 공익을 위해 자신에게 손해가 되는 경우가 있기 마련이다. 모든 것이 공평하고 공의롭게 진행되길 원하지만 그렇게 될 수만은 없다는 것을 깨닫게 되는 것이다. 그래서 억울함은 더 서글픈 감정이 된다.

억울한 사람, 더 억울한 사람

몇 사람이 옥신각신하고 있었다. 서로 자기가 생각한 성경 속 인물이 가장 억울하다는 주장을 굽히지 않았다. 한 사람이 말했다.
"요셉이 가장 억울한 사람이에요. 형제 많은 집안의 열한 번째로 태어나 부모님의 사랑을 많이 받고 자랐고 하나님께서 꿈을 꾸는 자로 살게 하셨지만 형들의 이유 없는 질투와 시기를 당했잖아요. 그뿐인가요? 꿈꾸는 자가 온다고 대놓고 조롱을 하고 죽이려고도 한데다 결국 애굽 사람에게 팔렸잖아요. 그리고 또 보디발 아내에게 누명을 받고 옥살이까지 했으니 얼마나 억울합니까? 아무 잘못한 것도 없는 사람이었는데…"

다른 사람이 나섰다.

"억울한 걸로 치면 다윗이 더 그래요. 사울에게 질투와 시기를 좀 받았습니까? 하나님 앞에 죄를 짓고 실수한 건 있지만 사울 왕에게 잘못한 것은 없었잖아요. 사람들이 다윗을 칭송한 건 그 사람들이 한 일이지 다윗이 시킨 일도 아니었는데 그것으로 인해 억울하게 생명의 위협까지 받으며 쫓겨 다녔으니 참 많이 억울했을 것 같습니다."

그러자 여기저기서 한나의 억울한 사연, 자신의 가장 귀한 향유를 예수님께 부어 드렸으나 제자들의 질책을 받았던 마리아, 까닭도 모르게 가인에게 죽임을 당한 아벨까지 많은 성경의 인물들이 등장하였다. 그때 또 다른 사람이 나섰다.

"제일 억울한 분은 따로 계십니다. 여러분 정말 모르시겠어요? 우리 예수님이야말로 가장 억울한 분 아닙니까? 인간적으로 볼 때 우리 주님처럼 억울한 경우가 어디 있습니까? 하나님의 아들이신 분께서 하늘의 보좌를 버리고 비천하게 태어나셨고 죽기까지 순종하셨습니다. 죄 없으신 분이 죄 밖에 없는 우리를 위해 대신 십자가에 달리셨는데, 이보다 더 억울한 경우가 어딨겠습니까?"

그 한마디에 더 이상 말을 못하고 모두 입을 다물었다. 누군가의 죄를 대속하기 위해 자신의 목숨을 버리는 일, 주님은 우리를 죽기까지 사랑하셨기에 하나님의 뜻에 순종하셨지만 인간적으로 볼 때는 무엇과도 비교할 상대가 없다. 그러나 주님은 억울함에 굴복당하지 않고 순종과 사랑으로 극복하시고 승리하셨다. 그러므로 우리도 살면서 억울한 감정과 부딪히면서 굴복당하지 않아야 한다. 억울함에 굴복당했을 때 미치는 파급효과가 너무 크기 때문이다.

가끔 언론에 '묻지마 폭행'에 관련한 기사가 심심찮게 보도된다. 길거리를 지나가다 괜히 사람을 두들겨 패기도 하고, 어떤 사람은 좁은 골목길에서 주차 문제로 시비가 붙어 그냥 차로 사람을 들이받기도 한다. 나중에 사건에 대한 이야기를 들어보면 자기 속에서 끓어오르는 분노를 조절하지 못해서 순간적으로 일으킨 행동이 대부분이다.

예를 들면 자기는 취업도 하지 못해 낙오자처럼 눈칫밥을 먹고 있는데, 반듯하게 차려입고 보란듯 떠드는 사람들을 보면 사회가 불공평하다고 느껴져서 폭력을 휘두르는 경우다. 대인기피와 망상에 사로잡혀 상대적 약자에게 피해를 입히는 사례가 얼마나 많은가?

이렇게 억울함이 유발시키는 개인적 감정은 우리 사회에 해악을 끼친다. 억울함의 첫 번째 문제는 복수의 칼날을 갈게 만든다는 데 있다. 억울함은 자신이 이유 없이 당했다는 느낌이 강하기 때문에 반드시 그 감정을 제공한 대상을 향한 부정적인 정서가 작동하게 된다. 그래서 '눈에는 눈 이에는 이' 내가 당한 만큼 대상자에게 돌려주겠다고 마음을 모질게 먹는다. 하지만 결과는 본인에게도 불행을 가져오게 한다. 시편 기자는 "여호와여 복수하시는 하나님이여 복수하시는 하나님이여"(94:1)라고 두 번이나 반복할 정도로 억울함과 복수는 연결고리가 있다.

  억울함이 주는 두 번째 문제는 감정을 덮어버리는 것에 있다. 의외로 많은 사람들이 억울한 일을 당했을 때 그냥 덮어버린다. 잊어버리고 살려고 노력하는 것이다. 그런데 억울함은 잊히지 않고 상처로 남는다. 감정이 사라진 게 게 아니라 잠시 숨어있는 것이다. 그래서 뇌관이 자극되면 억울함은 몇 배로 폭발하게 된다.

  마지막으로 억울함은 우리의 정신과 육체를 병들게 한다. 억울한 경우에 처했을 때 '기가 막힌다'는 표현을 쓴다. 이것은 너무 어처구니가 없어서 호흡이 멈추고 잠시 움직일 수가 없는 상태를 이르는 말이다. 나타나는 증상은 근육이 경직되는 것 같이 몸이 부들부들 떨리고 심장이 벌렁벌렁 뛰게 된다. 그리고 화가 치밀어 올라 분노로 변하면서 몸을 가눌 수 없게 된다.

  특히 억울함은 예기치 못한 상황에서 맞닥뜨리는 갑작스런 감정이기 때문에 전혀 자신을 방어하지 못한다. 아무것도 할 수 없는 자신의 무기력함에 자아를 상실하게 된다. 이런 억울함이 한두 번도 아니고 켜켜이 쌓이다보면 누구라도 병들 수밖에 없다. 억울한 감정을 해소되지 않으면 이러한 부정적 순환을 끊을 수 없다.

억울함은 우리를 병들게 하고 아무것도 못하게 만들어 버리며 나아가 사회적으로도 큰 문제를 일으킬 수 있는 감정이다. 감정을 제대로 읽지 못하고 처리하지 않는다면 심각한 문제로 번질 수 있다는 사실을 깨닫고 적절한 대처방안을 찾아야 한다.

억울함에서의 승리

우리나라에 「임금님 귀는 당나귀 귀」라는 전래동화가 있다. 임금의 귀가 어느 날부터 갑자기 길어져 나귀 귀처럼 되었다. 아무도 그 사실을 몰랐지만 오직 임금의 관모를 담당하던 신하만 알고 있었다. 그는 임금의 귀를 가리는 커다란 관모를 만들었다. 임금은 아무에게도 발설하지 말 것을 엄명하였다. 신하는 이 사실이 알려지면 생명에 위험이 있을 것이라는 생각에 평생 남에게 말하지 않았다. 그러나 은밀한 비밀일수록 지키기 어려운 법, 그는 자기만 알고 있는 그 큰 비밀을 누군가에게 말하고 싶은 욕망에 사로잡히게 되었다. 얼마나 그 마음이 컸던지 병이 도질 지경이었다. 그래서 아무로 모르게 소리를 쳐야 풀릴 것만 같았다. 그는 대숲으로 들어가 주위를 확인하고 대나무를 보고 외쳤다.

"우리 임금님 귀는 나귀 귀처럼 생겼다. 임금님 귀는 당나귀 귀!"

그 순간 수십 년 묵은 체증이 뚫리는 쾌감을 느끼며 마음의 응어리가 어디론가 사라졌다. 물론 동화의 내용은 바람에 대나무가 흔들릴 때마다 그가 발설한 비밀이 세상에 알려지는 것으로 끝이 나지만, 어쨌든 이 이야기는 사람의 본능적인 욕구, 가슴 속 응어리를 털어놓으려는 인간의 모습을 잘 비유하고 있다.

특히 억울함을 느낄 땐 그것을 토해놓는 과정이 반드시 필요하다. 마음속 응어리진 것을 토해내야 치유의 물꼬를 틀 수 있다. 그렇기에 고백할 대상이 중요하다. 물론 세상엔 나름 상대할 사람이 많다.

나 역시 어렵고 힘든 일을 많이 겪고 있다. 억울하고 참기 어려운 일들을 친한 목회자에게 털어놓고 위로를 받았던 적이 여러 번 있다. 그들은 동료 목사로서 나의 속내를 모두 들어주었다. 들어주는 것만으로도, 아니 털어놓는 것만으로도 위로가 되었다.

이렇듯 우리는 억울한 사정을 아무에게나 털어놓을 수 있다. 하지만 그들은 1차적인 조언자일 뿐이다. 누구나 완벽하지 않고 우리가 겪는 감정의 모든 것까지 세세하게 알지 못하기 때문이다. 최종적인 고백의 대상은 무조건 하나님 앞이 되어야 한다. 우리의 감정을 완벽하게 조정하시고, 완전한 치유로 이끄시는 분은 하나님 한 분뿐이다.

하나님 앞에 억울함을 고백하며 치유를 얻은 인물이 있다. 바로 한나라는 여인이다. 엘가나의 아내였던 한나는 남편의 절대적인 사랑을 받고 있었지만 자식이 없다는 이유로 괴롭힘을 당해야 했다. 엘가나의 또 다른 아내인 브닌나는 그런 한나의 약점을 붙들고 늘어지며 격분하게 만들었다. 한나의 고통을 얼마나 찔러댔는지 한나는 참을 수가 없었다. 억울함과 슬픔이 커지자 계속 비탄에 잠겨 울게 되었는데, 그녀의 이름이 한나였던 것이 '한(恨)이 많은 나'가 아니었을까 하는 생각조차 든다.

그런 아내를 보기가 안쓰러웠던 남편은 자식이 없어도 상관없다는 위로를 했지만 그것이 근본적인 치유책이 아니었다. 한나는 격분과 고통의 감정을 안고 하나님 앞으로 향한다. 그녀의 고백은 통곡이었다.

"한나가 마음이 괴로워서 여호와께 기도하고 통곡하며." _ 삼상 1:10

이 구절의 표현처럼 그녀는 전적으로 울며 고백했다. 자신의 고통을 돌아보시라고. 자신을 기억해 달라고. 이렇게 울면서 통곡으로 간구하다가 침묵으로 고백한다. 얼마나 울었는지 다 쏟아내고 난 뒤 비어있는 마음 전체를 하나님 앞에 드린 것이다. 그것은 미사어구로 표현된 고백이 아니라 마음을 있는 그대로 전부 쏟아놓는 고백이었다. 물론 그 과정을 잘못 이해한 제사장 엘리가 그녀를 술 취한 것으로 오해하기도 했지만 한나는 다시 한 번 엘리 앞에서도 고백을 이어간다.

"나는 마음이 슬픈 여자라 포도주나 독주를 마신 것이 아니요. 여호와 앞에 내 심정을 통한 것 뿐이오니." _ 15절

'심정을 통했다'는 표현을 영어 성경은 'I was pouring out my soul to the Lord.'(NIV)로 번역했다. 'pour out'이란 표현은 마음을

온전히 쏟아 붓는다는 의미를 가지고 있다. 말하자면 자신의 마음을 하나님께 부었다는 것이다. 통째로 드렸다는 전적인 고백인 셈이다.

이 이야기에서 한나의 고백이 얼마나 순수했고 절실했으며 진솔했는지 알 수 있다. 마음을 다 부어 통할 수 있는 그러한 고백, 하나님은 그 감정의 고백에 움직이신다. 하나님 앞에 서면 생각지도 못한 눈물이 터져 나오고 말을 못해도 마음이 통하게 되면서 깊은 감정을 쏟아내는 것이 바로 고백의 힘이다. 그러한 고백은 우리의 인생을 정말 값지고 새롭게 변화시킨다.

사람의 힘으로는 억울함의 근본적인 해결책을 얻을 수 없다. 왜냐하면 억울함을 해소할 때 화해와 용서를 동반하지 않기 때문이다. 분을 참고 삭이는 것으로 멈추기 때문이다. 일시적 복수나 화풀이로는 억울함을 해결하지 못한다. 일시적으로 감정이 해소된 것처럼 느낄지 모르겠으나 인간이기에 상한 마음의 찌꺼기를 털어낼 수 없다. 그러기에 공의로운 하나님께 맡겨야 한다. 공의로운 해결을 하나님께 간구하면 반드시 억울한 감정을 이길 수 있는 지혜를 주신다.

하나님께 억울함을 부어놓고 의지하면 하나님은 그때부터 해결사가 되어 주신다. 다윗 역시 사울의 억하심정에 반응하지 않았다. 공의로운 하나님께 맡겼다. 하나님은 다윗에게 은혜를 베풀어 주심으로 올바른 처신을 할 수 있었다.

공의를 원어로 '체다카'(צְדָקָה)라고 하는데 이것은 '올바르다', '의롭다', '정당한 이유를 가지다' 등의 의미가 있으며 '정의'로도 해석되고 있다. 그만큼 죄를 벌하시고 미워하시는 하나님의 마음을 알 수 있다.

> "다윗이 그의 모든 일을 지혜롭게 행하니라 여호와께서 그와 함께 계시니라." _ 삼상 18:14

하나님께서는 다윗과 함께 계셔서 지혜롭게 행동하게 하셨다. 다윗과 함께 했던 하나님은 동일하게 우리와 함께 하신다. 우리도 지혜롭게 올바로 행동할 수 있다. 하나님이 우리의 억울함을 덮어주시고 지혜를 주시기 때문이다. 공의로운 하나님께 맡기고 억울한 감정에서 벗어나야 한다. 공의의 하나님이 나를 위로해주시고, 헤쳐나갈 지혜를 주신다.

이처럼 하나님은 공의의 하나님이다. 우리는 억울한 일로 인해 시험에 들 수 있다. 이때 억울함을 인간적 방법으로 푸는 것이 아니라 모든 것을 공의로 판단하시고 심판하시는 하나님에게 믿고 맡기면 된다. 물론 그 속에서 자신의 잘못된 점을 회개할 때 공의는 더욱 빛을 발하게 된다(히 10:30; 삼상 18:12).

억울함에서 승리하기

1. 나의 억울함을 아시는 하나님께 고하라.
2. 공의로 심판하실 하나님께 맡기라.
3. 견딜 은혜를 주시는 하나님을 바라라.

참고말씀_삼상 18:14

Chapter 7
분노 - 파괴적 감정 앞에서

화가... 난다!!

한때 어린아이들 사이에서 유행했던 '앵그리버드'라는 캐릭터가 있다. 이름 그대로 화난 표정을 짓고 있는 새를 등장시켜 게임으로 만든 것이다. 핀란드에서 만든 이 게임은 돼지에게 알들을 뺏겨 분노한 새들이 돼지를 모두 격퇴하고 알을 되찾는 방식으로 구성되었다. 화난 표정을 귀엽게 표현한 새들의 모습이 인기를 끌었지만 무엇보다 분노한 새들이 통쾌하게 복수하는 희열에 모두가 빠져들었다.

전 세계적으로 이 게임이 유행하면서 '화'를 의미하는 'angry'라는 단어가 여기저기 많이 붙었던 것 같다. 특히 사회 문제 및 자녀 교육에 분노하여 적극적으로 참여하는 여성들을 빗댄 '앵그리맘'이라는 신조어는 국어사전에도 등재가 되었고, 드라마로도 만들어져 한국사회의 이슈를 진단하는 키워드가 되었다.

　최근 분노와 짜증에 휩싸인 한국인의 소비 트랜드를 일컬어 '번아웃 쇼핑'(burnout shopping)이라고 한다. 쇼핑을 통해 분노와 화를 소비로 극복하는 현상을 일컫는다. 번아웃 쇼핑은 꼭 필요한 것을 구입하는 것이 아니라 스트레스를 소비로 통해 해소하기 때문에 소득수준에 맞지 않게 낭비성향을 보이고 있다. 한 가지 흥미로운 사실은 '번아웃 소비'는 외식할 때 매운 맛 음식을 찾는다는 것이다. 가장 스트레스를 푸는 손쉬운 방법이 먹는 것이기에 '먹방' 신드롬까지 겹쳐서 매운 음식으로 스트레스를 풀기 때문이다. IMF 이후에 불닭이 인기를 끌었는데 새롭게 엽기 떡볶이, 열라면, 매운 족발의 판매량이 늘어나고 있다. 우리나라 국민의 스트레스를 상징하는 것 같다.

　한 번은 버스를 탈 일이 있었다. 처음엔 순조롭게 가고 있었는데 갑자기 택시가 끼어들어 새치기를 하고 다시 빠져나갔다. 순간 급브레이크를 밟은 탓에 버스가 휘청거렸고 기사와 승객 모두 놀랐다. 그때부터였다. 기사가 갑자기 분노를 표출하였고 택시를 향해 노선을 가리지 않고 추격전을 벌였다. 입에선 욕이 나오기 시작했고 운전은 갈수록 거칠어졌다. 이 일이 있기 전에는 승객들은 라디오에서 흘러나오는 음악에 귀를 기울이거나 차창으로 거리 풍경을 감상하는 평범한 일상의 모습이었다. 그러다가 곡예 운전을 부리는 기사의 분노로 인해 공포에 휩싸였다. 승객이 "참으세요"라고 말렸지만 소용없었다. 생명의 위협을 느낀 나는 기도할 수밖에 없었다. 마음에 화가 치밀면 이성을 잃고 물불 가리지 않고 분노에 휩쓸린다는 사실을 체감한 순간이었다. 이러한 보복운전으로 인해 끔찍한 일들이 너무 많이 벌어지고 있다. 처벌을 강화하고 있지만 사람들의 심성이 변하지 않는 한 소용이 없을 것 같다.

진짜로 화가 났을 때의 모습은 어떨까? 우리는 화가 나면 '열불 난다'라는 표현을 자주한다. 몹시 흥분하거나 화가 난 감정을 비유적으로 이르는 말이다. 너무 억울하여 가슴속에서 뜨겁게 타오르는 불처럼 화가 치솟아 부글거린다는 의미다. 당연히 혈압이 올라가고 무서운 물체에 깔린 것처럼 호흡이 가빠지며 눈초리가 치켜 올라가고 언성도 높아진다. 앵그리버드의 표정은 귀엽게 포장한 것일 뿐, 진짜 화났을 때의 표정은 누가보아도 무섭다. 그래서 화가 났을 때 '격분한다', '분개한다', '노발대발', '부아를 낸다' 등의 더욱 거칠고 격앙된 표현을 쓰게 된다.

우리말에 '홧김에'라는 표현이 있다. 화가 나서 하지 말아야 할 행동을 하고 후회할 때 쓰는 말이다. 많은 사건, 사고들은 순간적인 화를 참지 못해 발생하게 된다. 순간적으로 분노를 발산했다가 자신이 감당할 수 없는 결과를 초래하여 후회해도 소용없게 된다.

그만큼 화가 났을 때 이성을 상실한 행동을 자책하는 의미를 담고 있다. 성경에 나오는 모세가 이에 대해 우리에게 교훈을 준다. 이스라엘 민족을 출애굽 시킨 지도자 모세는 의로운 사람으로 기억하지만 그도 '홧김에' 몇 번 실수를 했다. 먼저 애굽 왕자로 있을 때 분노를 터뜨렸다. 애굽 사람이 히브리 사람인 자기 형제를 치는 것을 보고 분노를 참지 못해 그 자리에서 애굽 사람을 쳐 죽였다. 결국 살인자가 되어 미디안으로 도망쳐야 했다.

40년이 지난 후 하나님께서 모세를 부르셨다. 모세에게 능력을 주시고 애굽으로 돌아가서 이스라엘 백성을 이끌고 나올 것을 명령하셨다. 모세는 애굽 왕 바로에게 하나님의 뜻을 전하지만 교만한 바로는 듣지 않았다. 이에 모세가 화를 내며 바로에게 간다. 아홉째 재앙까지 내려도 꿈쩍없는 바로에게 "심히 노하여" 나가(출 11:8) 마지막 재앙인 첫 태생의 죽음을 경고했다. 모세의 기질을 엿볼 수 있는 상황이다.

출애굽 후에도 모세는 다혈질적인 모습을 보였다. 한 번은 하나님이 주신 십계명을 돌 판에 받아 내려오는데 금송아지를 섬기고 있는 이스라엘 백성을 본 순간 성질이 폭발했다. 그들의 불순종하는 모습에 모세는 돌 판을 땅바닥에 집어던져 깨뜨린다(32장).

또한 광야생활을 하면서 물이 없어 불평하는 백성들 모습에 그는 또다시 참지 못하고 분을 터뜨린다. 물이 없어 차라리 죽는 게 낫겠다고 원망하는 백성들을 위해 하나님은 모세에게 지팡이를 가지고 형 아론과 함께 회중을 모아 반석에게 명령하여 물을 내라 하셨다. 하나님은 명령만 하라고 하셨는데 모세는 자신을 원망하며 불평을 했던 백성들을 보자 반역한 무리로 여기고 지팡이로 반석을 두 번 내려쳤다.

지팡이로 반석을 때린 것은 백성을 향한 분노의 표출이었는데 이것은 하나님 앞에 불순종한 결과가 되었다. 이 사건으로 인해 그는 가나안에 들어가지 못하고 광야에서 생을 마쳤다.

이스라엘의 위대한 지도자였던 모세도 감당할 수 없었던 분노의 문제, 지금 우리 사회도 분노로 힘들어하고 있고 홧김에 일어나는 감당치 못할 일들로 인하여 관계가 단절되고 있다. 마음속에 품고 있는 '화'가 제대로 해결되지 못한 여파가 너무 크다.

분노의 영적 파괴력

요즘 화날 일이 너무 많다. 부정적인 기사를 더 많이 보도하는 언론매체를 통해 여러 종류의 갑질 논란을 접하게 된다. 이때 사회적으로 '을'이 위치에 있는 사람들은 자기와 별로 상관없는 일까지 분노하게 된다. 이처럼 분노는 사회적 전염성이 강하다. 그러다 보니 분노의 집단 표현이 폭력으로, 악성 댓글로 나타나서 또 다른 사회적 문제를 일으킨다.

영어로 'angry'라는 단어 대신, 가끔 'mad'를 사용하기도 한다. 'mad'를 살펴보면 그 뜻이 더 강하다. 단순히 '화난' 의미도 있지만 '미친, 미치광이'라는 뜻도 있기 때문이다. 'He is mad.'라는 문장은 그가 너무 화가 나서 도가 지나친 상태를 의미한다. 한마디로 도가 지나칠 정도로 화가 나서 제정신이 아닌 상태를 말한다. 이 문장은 분노가 가진 영적인 해악성을 보여준다.

분노가 생길 때 취하는 태도는 두 가지로 나뉜다. 하나는 감정을 억제하는 것이고 다른 하나는 표출하는 것이다. 보통 하나님을 믿는 사람들은 감정을 억제해야 한다고 생각한다. 자신을 잘 억제하지 못하면 믿음이 없는 사람으로 생각하기 때문이다. 그러나 이것은 옳지 않다. 감정은 나쁜 것이 없다. 제대로 표현할 수 있어야 하고, 효과적으로 조절할 방법이 필요할 뿐이다.

　어떤 분이 신앙 상담을 하면서 말하기 힘든 고민을 털어놓았는데 그것은 분노조절이 안 된다는 것이다. 교회 직분자로서 분노조절이 너무 힘들다고 하였다. 화가 치밀어 오르면 스스로 조절을 하지 못해 폭력과 폭언이 나온다는 것이다. 집에서는 물건을 부수고, 가족에게 횡포를 부려도 외부로 드러나지 않지만, 만약 교회에서 불의한 일을 목격하거나 화가 나는 상황이 발생하게 되어 자신의 행동이 드러날까 봐 고민이라고 했다.

　그분은 분노하는 것을 무척 부끄럽게 여기고 있었다. 나아가 자신이 왜 그런지 모르겠다며 자책까지 하고 있었다. 그러나 이런 모습은 크리스천이 오해하는 모습 중 하나다. 화를 내는 것이 죄이기 때문에 믿음 좋은 사람은 절대로 화를 내서는 안 된다고 생각한다. 물론 화를 낼만한 상황까지 가지 않는 것이 좋겠으나 화가 없는 사람은 없다. 분 냄도 자연스러운 우리 현상이다. 다만 그것을 어떻게 처리할지 방법을 찾는 것이 중요하다. 우리에게는 주님께 드리는 고백이 있기 때문이다.

　그러므로 분노의 감정을 무작정 억압하는 것은 더 큰 문제가 된다. 분노를 억압하게 되면 그 순간은 없어진 것 같지만 마음 깊은 곳에 숨어있다가 수위가 차오르면 반드시 반응하여 폭발하게 된다. 이때의 폭발력은 어마어마해서 스스로도 놀랄 정도로 수습할 수가 없게 된다. 화가 날 때마다 어떻게든 표현을 하는 것도 좋은 방법이긴 하지만 무분별한 표출 역시 부정적인 파괴력을 지니기 때문에 자기 절제를 통해 마음을 다스리는 노력이 필요하다.

한 아이가 있었다. 바깥 일로 너무 바쁜 부모는 아이와 함께 할 시간이 없었다. 미안한 마음에 아이가 해달라는 것은 모두 들어주었다. 그러나 아이의 성격이 비뚤어지는 것을 알지 못했다. 요구사항을 다 들어주는데도 걸핏 화를 냈다. 처음에는 소리를 지르고 떼를 쓰더니 물건을 집어 던졌고 유리창을 깨기도 했다. 심지어 어른들에게 대들고 아무에게나 손찌검을 하는 폭력성으로 번졌다. 이처럼 분조조절을 하지 못하면 점점 파괴적인 방법을 동원한다.

분노라는 감정은 삭이든 표출하든 개인마다 그 강도가 다르다. 그러나 언젠가 숨긴 감정은 표출하게 되어있다. 그래서 감정처리가 중요하다. 감정을 효과적으로 처리하는 것은 자신은 물론 가정과 자신이 속한 조직과 교회를 건강하게 지키는 비결이다. 자기감정 조절에 실패하면 그 대가를 자신이 치러야 하고 다른 사람에게 피해를 주게 된다.

성경의 위대한 지도자 모세도 인간적인 감정으로 분노했던 대가를 치렀다. "눈이 흐리지 아니하였고 기력이 쇠하지 아니했는데"(신 34:7) 가나안을 목전에 두고 눈을 감아야 했다. 정혼자였던 마리아가 잉태했다는 말을 들었을 때 남편 될 요셉 역시 분노하지 않았던 것이 아니다. 성경에는 '드러내지 아니하고 가만히 끊고자 했다'(마 1:19)는 정제된 표현을 쓰고 있지만, 그 행간에 나타나지 않은 의미를 찾아보면 그 역시 분노했을 것이다. 그가 '의로운 사람'이라서 천사의 말을 듣고 수긍했다고 하지만, 이때 사용된 '의로움'은 정의롭다는 의미라기보다 하나님과 바른 관계 안에서 살려고 노력한다는 것을 말한다. 만약 그가 법 앞에 의로웠더라면 정혼자 마리아를 의심하고 정죄했을 수 있겠으나 하나님과의 바른 관계, 즉 자신의 마음속에 끓어오르는 의심과 분노의 마음을 바르게 고백하고 하나님의 뜻을 구했기에 진정 의로운 사람이 될 수 있었다.

분노는 누구나 느낄 수 있다. 상황에 따라 자연스럽게 드는 감정이다. 숨길 것이 아니고 억압할 것도 아니다. 중요한 것은 고백의 대상이다. 시편의 그 많은 구절들이 심하다 싶을 정도로 마음의 상태를 표현하고 있는데, 그것을 통해 우리가 하나님 앞에 어떻게 감정을 고백해야 하는지 보여준다.

  감정을 어찌할 수 없을 때 그것이 갖는 영적인 파괴력은 크다. 중요한 것은 감정에 정직하되 그 고백의 대상을 하나님께로 향하는 것이다. 어느 영성시인의 고백을 소개한다. 분노의 감정을 가지고 하나님께 나아가는 사람의 감정을 잘 그리고 있다.

> 분노가 솟구쳐 오릅니다.
> 거의 제어할 수 없을 만큼.
> 제가 무슨 일을 저지를까 두렵습니다.
>
> 이토록 화가 치밀 줄은
> 예전에는 미처 몰랐습니다.
> 저의 감정의 골이 이토록 깊음에 놀랍니다.
> 저의 온몸이 분노로 끓어오름을 느낍니다.
> 땀이 흐르고, 사지가 부들거리고, 목소리가 떨립니다.
>
> 부드러운 언어 뒤로 저를 숨길 수가 없습니다.
> 온화한 미소를 지을 수가 없습니다.

분노를 삭힐 수 있으면 좋으련만.
몸 밖으로 드러내지 않고
마음 깊은 속에서 절규할 수 있다면!
여기 당신 앞에
제가 내놓을 수 있는 것은 분노,
타오르는 격정뿐입니다.
이 격분을 얼굴에 드러내지 않으려고
안간힘을 씁니다.

그러나 적어도 당신에게는
평온을 가장할 필요도,
머리에 일고 있는 뜨거운 감정의 언어들을
부정할 필요도 없습니다.
부드럽고 경건한 언어로
감명을 주려고 애쓸 필요도,
'화내지 말아라'라는 말을 들을 필요도 없습니다.

표현할 수 없으리만큼
언어에 담을 수 없으리만큼

화가 솟구치고 분노가 밀려옵니다.

저를 받아 주십시오.

있는 그대로의 저를.

당신께 분노를 퍼부었던 사람들을 받아들이셨듯이.

마음의 상처를 어루만져 주시고 치유해 주십시오.

제가 타인과 자신에게

상처를 주지 않도록 보호해 주시고,

어리석은 결정을 내리지 않도록 살펴 주십시오.

당신의 사랑의 손길을 제게 얹어 주십시오.

제가 거부의 몸짓을 할 때조차도

저를 기다려 주십시오.

제가 평온과 고요를 되찾을 때까지.

제가 머무르는 곳에서

저를 만나 주심에 감사드립니다.

저를 있는 그대로 사랑하여 주심에 감사드립니다.

모든 것을,

저의 분노, 저의 혼돈,

저의 눈물, 저의 죄의식을
받아들여 주심에 감사드립니다.
당신의 크신 연민 안에
저를 안아 주시고 저를 치유해 주십시오.
저의 마음을 부드럽고 고요하게 가다듬어 주십시오.
마치 당신의 마음처럼.

– 「햇살처럼 비껴오시는 당신」 중에서, 조 만나스(Joe Mannath)

분노 뒤에 숨은 진짜 문제 바라보기

분노의 감정에서 승리하려면 먼저 분노라는 감정을 잘 살펴볼 필요가 있다. 앞사람이 잘못하여 발을 꾹 밟았다. 순간 누구나 짜증을 확 느끼게 된다. 앞사람이 사과를 해도 그 태도에 분노가 더 커질 수도 있다. 이때 상대방에게서 원인을 찾는 것이 아니라 자신의 감정을 생각하는 것이다. '무엇 때문에 내가 화를 내는 것인가?'를 재빨리 살펴보는 것이다. 원인은 상대방이 제공했지만 분노의 폭이 내 감정에서 커질 수 있기 때문이다. 반드시 자기의 내적 감정과 맞물리기 때문이다. 아마 그 상황에서 자신이 원한 것은 상대방의 진심어린 사과일 수도 있고, 굽에 찍혀 신발이 헤어지거나 다친곳이 있다면 보상을 원할 수도 있다. 원하는 것이 없다면 조금 전까지 남아있는 여러 짜증스런 마음속 응어리들이 반영되었을 수도 있다. 무엇이 됐든 분노의 대상만 볼 게 아니라 자신의 마음 상태를 돌아보는 게 필요하다.

그리고 난 뒤 자신의 '화'를 진정시켜야 한다. 분노를 잠재우려고 하는 경우 한꺼번에 폭발하는 일이 많은데 이때 자신이 화가 난 것을 인정하지 않았기 때문이다. 즉흥적으로 감정의 뚜껑이 열리지 않도록 해야 한다.

마지막으로 분노를 잠재워야 하는데 한껏 끓어오른 감정엔 냉각기가 필요하다. 특히 분노가 폭발할 것 같다면 'stop'을 외치고 그 자리를 잠시 떠나는 것도 좋다. 조금만 가라앉히고 돌아오면 조금 전과도 같은 분노는 거의 사라진다. 한번 더 자신의 필요가 무엇인지 보기 때문에 방법을 간구하게 된다.

그러므로 분노라는 상처 입은 감정을 하나님 앞으로 가져갈 때 내 마음을 알아주시는 하나님께 기도로 고백하고 감정의 원인을 해결하는데 집중해야 한다. 성령님께서 우리의 마음을 이끄셔서 우리에게 지혜를 주시어 스스로 깨닫게 하시기 때문이다. 즉 감정의 배후에 있는 진짜 문제, 문제의 핵심을 깨닫게 하고 집중하게 함으로 해결의 실마리를 스스로 찾게끔 만드시는 것이다.

가령 질투심이 가득 차 있다면 질투가 하나님 앞에 죄가 된다는 사실을 깨닫게 하고 질투 뒷면에 있는 자기욕심을 보게 만든다. 상대방의 것이 내 것이 되어야 하고 내가 받아야 마땅하다고 생각하는 자기 모습을 바라보게 만든다. 결국 이렇게 문제의 배후를 알게 되면 마음의 잣대, 행동의 잣대를 수정하게 된다. 고백을 통해 감정이 해결되는 것이다.

우리는 분노에 약하다. 손해를 보거나 낭패를 당하거나 불공평한 일, 불의한 일을 보면 분노의 감정이 나온다. 그러나 이것이 죄는 아니다. "분을 내어도 죄를 짓지 말며 해가 지도록 분을 품지 말고"(엡 4:26)라는 말씀처럼 분을 내어도 죄를 짓지 않을 수 있다. 다만, 분노 자체가 문제가 되지 않지만 분노가 잘못 사용되어질 때 죄악이 될 수 있다. 그래서 분을 내어도 죄를 짓지 말라고 당부하는 것이다.

그렇다면 죄를 짓는 단계까지 가지 않아야 하는데 분노의 감정이 끓어오를 때 하나님 앞에 고백해야 한다. 분노가 폭발하기 전에 하나님은 분노라는 감정의 배후에 자리 잡고 있는 진짜 문제에 집중하게 하신다.

'주님, 제가 지금 이러 이러한 문제로 화가 나고 분노가 끓어오르고 있습니다. 손에 일도 잡히지 않고 그 사람이 너무 미워 참을 수가 없고 증오하고 싶습니다.'

이런 구체적인 고백을 드리다 보면 분노의 이유가 궁금해진다. 폭탄에 뇌관이 있듯이 분노에도 박힌 심지처럼 반드시 그 이유가 있다. 자신이 그렇게까지 화를 낼 이유가 없었는데 왜 이렇게 되었는지? 내가 무엇 때문에 부당한 대우를 받았다고 느꼈는지? 괜히 내가 오해를 한 것은 없는지? 등을 생각하게 된다. 그 진짜 원인에 대해 생각하다 보면 심지에 불붙은 화약이 뇌관으로 번지지 않고 힘없이 꺼지는 것처럼 분노도 사그라진다. 오히려 이성적인 판단과 지혜를 구하여 해결에 주안점을 두게 된다.

출애굽 당시 모세는 이스라엘 백성 앞에 분노했다. 마실 물이 없어 불평과 불만을 늘어놓는 백성에 대한 분노가 끓어올랐다. 매번 불만투성이인 백성들을 보며 마음이 많이 상했을 것이다. 이런 감정에 휘둘려, 모세는 그만 분노를 터트리고 말았다.

"반역한 너희여 들으라. 우리가 너희를 위하여 이 반석에서 물을 내랴!"
_ 민 20:10

분노가 고함으로 표출되어 하나님께서 하신 일을 드러내지 않고 반석에 지팡이를 두 번이나 내리쳤다. 이 모습에 이스라엘 백성들도 지도자 모세의 행동에 움찔했겠지만, 하나님은 그것을 기뻐하지 않으셨다.

특히 모세가 '우리가 너희를 위하여'라고 표현한 것에 집중할 필요가 있다. 이스라엘 백성에게 만나와 메추라기를 먹이신 이도, 구름기둥 불기둥으로 인도하신 이도 모두 하나님이시다. 그런데도 모세는 '우리'가 물을 낸다고 표현함으로 분노를 정당화했던 것이다. 결국 그의 분노가 죄로 표출되었고 그는 가나안에 들어가지 못했다.

모세가 그 상황에서 다시 한 번 하나님께 엎드려 간구했더라면 자신을 분노하게 하는 진짜 배후의 문제를 확인할 수 있었을 것이다. 백성들에게서 받은 상처, 늘 원망하고 다시 돌아가자고 괴롭혔던 그들에게서 받은 상처를 돌아볼 수 있었을 것이다.

우리의 상한 감정은 쉽게 회복되지 않는다. 온전하게 치유받기 위해서는 하나님께 나아가야 한다. 하나님은 그 고백 가운데 진짜 감정의 배후를 깨닫게 하신다. 감정의 뒷면에 자리 잡고 있는 진짜 문제가 무엇인지 기도로 물어야 한다.

해가 지기 전 용서하라

　남아프리카 공화국의 흑인인권해방운동을 펼쳤던 넬슨 만델라(Nelson R. Mandela, 1918-2013)는 27년간을 감옥에서 보냈고, 마침내 선거로 뽑힌 세계 최초의 흑인 대통령이 되는 인간승리를 보여주였다. 아프리카 민족회의 지도자로 흑인차별에 맞서다가 반역죄로 종신형을 선고받았다. 그러나 그는 출소 후에도 아파르트헤이트(백인 정권의 인종차별 정책) 폐지에 앞장섰고 1994년 대통령에 선출되어 화해와 과거사 청산, 흑백갈등이 없는 국가를 만들기 위해 주력하였다.

　우리 속담에 10년이면 강산이 변한다고 했다. 강산이 세 번 변할 만큼 긴 세월을 감옥에서 온갖 고초를 견디고 풀려났을 때 전 세계는 만델라를 환영했다. 당시 미국의 대통령은 빌 클린턴(Bill Clinton, 1946-)이었다. 빌 클린턴이 자서전 「마이 라이프」(2004년 출간)에서 만델라와 나눈 대화를 소개했다.

　"마지막으로 감옥에서 나올 때, 안에서 다시 증오가 솟아오르지 않았나요?"

　만델라가 대답했다.

　"그랬지요. 잠시 그랬습니다. 그러다가 이렇게 생각했습니다.

'이 사람들은 나를 27년간 가두었다. 만일 내가 그들을 증오한다면, 나는 계속 갇혀 있는 것이나 다름없다.' 나는 자유롭고 싶었습니다. 그래서 털어 버렸지요."

그는 그렇게 분노를 내려놓고 용서하는 마음을 가질 수 있었다. 그는 대통령 취임식에 가해자들을 초청하였다. 그 용서로 인해 이후의 삶이 더욱 빛나며 세계적인 지도자로 존경을 받았다.

우리는 분노의 배후에 집착한다. 그래서 분을 누구려 뜨리지 못해 이를 갈며 증오한다. 그러나 하나님 앞에 분노를 내려놓으면 분노의 대상이 사라지게 된다. 어떤 사람은 단번에 감정이 녹아내리기도 하지만, 어떤 경우는 관점을 바뀌게 함으로 깨닫게도 하신다. 고백의 위대함은 악감정의 대상을 사랑해야 할 대상으로 뒤바뀌게 한다는 것이다. 고백할 때 용서가 동반된다.

2013년 미국의 코네티컷 주 뉴타운의 앤디훅 초등학교에서 발생한 사건은 모두를 충격에 빠뜨렸다. 한낮에 학교로 침입한 한 청년이 총기를 아이들을 향해 난사했고, 이로 인해 20여 명의 아이들이 목숨을 잃었다. 범인은 숨어있는 학생들을 찾아다니며 총을 쏘았다. 이때 몸을 숨기고 숨도 제대로 쉴 수 없었던 어린 학생들의 두려움은 얼마나 컸을까? 또한 마른하늘에 날벼락처럼 아이들을 잃은 부모는 얼마나 참담했을까?

이유 없이 목숨을 잃어야 했던 이 엄청난 사건 앞에서 전 세계가 충격을 받았고, 많은 사람들이 정신적 상처를 입어 극심한 우울증을 앓았다. 그런데 피해 당사자였던 한 부모가 이렇게 고백했다.

"나는 내 자녀와 함께 보낸 지난 육, 칠 년 세월의 기쁨이 지금의 이 고통보다 훨씬 더 크다고 생각합니다. 견딜 수 없는 일이지만, 그래도 함께 지내며 아름다웠던 시간이 더 크지 않겠습니까?"

이 고백 앞에 그들은 와르르 무너졌다. 아이를 잃은 고통과 슬픔은 무엇에 비견할 수 없을 정도로 크지만 아이로 인해 기뻤던 시간이 훨씬 길었고 그 강도가 더 크다는 것을 알았기에 그들은 사랑했던 기억을 더 깊게 품고 고통을 극복하였다.

리키 잭슨(Ricky Jackson)이란 사람의 이야기도 우리에게 왜 용서해야 하는지를 깨닫게 한다. 리키 잭슨은 39년간 감옥에 갇혔다가 풀려났다. 18살이던 1975년 강도살해 혐의로 기소되어 사형판결을 받아 복역하다가 무기징역으로 감형되어 그의 나이 58세에 무죄가 입증되었기 때문이다.

그가 억울하게 누명을 쓰게 된 이유는 한 소년의 거짓 증언 때문이었다. 당시 12살이었던 증인은 현장으로부터 한 블록 떨어진 스쿨버스 안에 있었기 때문에 사건을 목격할 수 없었지만 경찰의 유혹에 넘어가 거짓 증언을 했다. 이로 인해 리키 잭슨은 미국인 중 가장 오랜 기간인 39년간을 갇혀 있었다.

다른 목격자도 없고 추가 증거물도 없는 상황에서 경찰의 협박과 회유에 넘어간 소년의 증언은 무고한 사람을 살인자로 만들고 인생을 망쳐놓았다. 이후 소년은 심한 양심의 고통을 겪다가 오하이오 주에서 실시한 무고한 죄수를 찾는 프로그램에서 마침내 진실을 털어 놓았다. 너무 늦었지만 거짓 증언했던 소년은 노인이 되어 뜻있는 사람들의 성원 속에서 진실을 밝힐 수 있었다.

차갑고 밀폐된 감옥에서 하늘 대신 쇠창살을 볼 때마다 느끼는 억울한 감정은 어떠했을까? 누명을 벗고 싶어도 자신이 할 수 있는 방법이라곤 아무것도 없는 39년이란 시간을 어떻게 보냈을까? 흘러간 청춘과 인생을 생각하면 모든 관계자들을 찾아가 복수하고 싶었을 것이다. 그러나 오랜 누명을 벗고 자유의 몸이 된 리키 잭슨이 감옥을 나오며 첫 번째 한 일은 목격자를 용서한 것이었다. 그는 거짓 증언한 사람을 뜨겁게 포옹하며 말했다.

"나는 당신을 용서합니다. 당신이 그렇게 말하기까지는 용기가 필요했을 것입니다. 우리 모두가 피해자입니다. 나는 모두를 용서합니다."

오랜 시간 감옥 생활을 하면서 리키 잭슨의 심정은 참담했을 것이다. 거짓 증언한 목격자뿐 아니라 조사관들, 법원 관계자 등에게 분노가 끝없이 치밀어 올랐을 것이다. 그렇게 오랫동안 쌓아둔 감정을 그는 어느 순간 신앙을 통해 풀어내었다. 증오와 복수의 대상을 사랑으로 품는 변화를 체험하였다.

자신의 인생을 송두리째 빼앗아간 철천지원수를 용서할 수 있도록 이끈 힘은 무엇이었을까? 가슴에 사무치도록 맺힌 한을 풀기 위해 이를 갈며 저주했던 마음들이 어디로 사라지게 되었을까? 이것은 신앙 안에서의 바른 고백을 하였기 때문이다. 하나님은 빗장처럼 단단하게 닫혀있는 그의 마음을 열고 용서할 수 있는 힘을 주셨다.

그래서 용서는 빠를수록 좋다. "해가 지도록 분을 품지 말라"고 한 말씀은 부정적인 감정을 오래두면 둘수록 우리 마음을 더 아프게 한다는 사실을 일깨워준다. 분을 품으면 품을수록 더 파괴적인 결과를 가져오기 때문에 조금이라도 빨리 풀 것을 말씀하셨다. 하나님께 분을 고백하면 우리에게 용서의 마음을 주신다. 주님이 우리를 용서하신 은혜를 생각하면 용서 못할 사람은 없다.

"누가 누구에게 불만이 있거든 서로 용납하여 피차 용서하되 주께서 너희를 용서하신 것 같이 너희도 그리하고." _ 골 3:13

이 말씀처럼 고백을 통해 감정을 풀면 용서가 임한다. 상대방을 용서한다는 것은 곧 사랑을 회복한다는 것과 같다. 누구든 용서의 대상이기에 긍휼히 여기는 마음이 생기고 그것이 곧 사랑이 되기 때문이다. 해 아래 사랑하지 않을 사람이 없으며 용서하지 않을 사람이 없다.

분노에서 승리하기

1. 분노 배후의 진짜 문제를 찾아라.
2. 기도로 풀면서 해가 지기 전에 용서하라.

 참고말씀_민 20:10-12

Chapter 8
의무
- 하고 싶은 마음, 해야 하는 마음 사이에서

하고 싶어, 해야 해!

예전에 어느 유명한 방송 기자가 「대한민국에서 장남으로 살아간다는 것」이란 제목으로 책을 냈다. 이 책은 남아선호사상이 뿌리 깊이 박힌, 장남 위주의 한국 사회에 큰 공감을 일으켰고, '우리나라 장남보고서'라는 별명이 붙었다. 내용을 살펴보면 장남으로 살아온 저자가 알게 모르게 겪은 애환이 심금을 울린다. 그가 장남으로서 감당해야 할 책임은 부모의 기대를 한 몸에 받았던 혜택보다 삶의 무게로 따진다면 훨씬 무거웠을 것이다. 사회적으로도 어느 정도 성공했다고는 하지만 네 명의 동생을 신경 써야 하고 부모를 모셔야 하는 입장에서 집안 문제에 대해 의사결정을 쉽게 하지 못하고 늘 가족의 눈치를 살펴야 했다. 아무튼 장남의 고달픈 인생이 그려져 있는 이 책은 동시대의 모든 장남들이 공감했을 것이다. 장남으로서의 의무감은 그동안 과잉기대 속에 받은 혜택과 특권보다도 멍에가 되었던 것이다.

 의무감... 하면, 나 역시 목사로서 자유로울 수 없다. 가장 얽매이는 것은 설교에 대한 의무감이다. 설교는 목사에게 가장 귀중하기에 모든 생각이 집중된다. 매번 설교를 하기까지 많은 공을 들이게 된다. 나 역시 대부분의 목회자들처럼 설교를 위해 많은 연구와 고민을 한다. 늘 성경을 묵상하고 영적인 교훈을 찾고 그것을 적용하기 위해 애를 쓰지만 뚝딱 설교가 완성되는 것이 아니다. 결코 쉽지가 않다. 어떤 날은 설교 구상이 전혀 잡히지 않을 때가 있다. 시간만 보내다가 준비가 되지 않으면 회피하고 싶어진다. 그러나 담임목사로서 어떻게 회피할 수 있겠는가? 다행히 강단에 서면 성령님의 인도하심과 주님의 긍휼하심이 있어 위기를 잘 넘어가게 되지만, 목사로서의 죄스러움은 씻을 수가 없다. 목사로 있는 한 설교 의무감에서 자유로울 수만은 없을 것이다.

 의무감이라 하면 마땅히 해야 할 일을 느끼는 마음이다. 의무감이 없는 사람이 어디 있겠는가? 대한민국 국민으로서 우리는 4대

의무를 가지고 있다. 그리고 부모로서, 자녀로서의 의무감이 있고, 선생은 가르칠 의무감을, 학생은 공부할 의무가 있다. 물론 의무에는 법적인 효력을 갖고 있는 경우도 있지만 도의적이고 상식적인 의무감도 있다. 그러다보니 요즘 들어 의무감을 상실한 이들로 인해 심각한 국가적 문제와 사회적 병폐도 나타나고 있다.

그러나 여기서 나눌 의무감은 긍정적인 의미의 의무감이라기보다 마음의 짐으로 표현될 수 있을 부정적인 의무감을 살펴보고자 한다. 마음에 없고 힘이 들어서 하기 싫지만 마지못해 어쩔 수 없이 해야 하는, 즉 벗어놓고 싶은 짐짝과 같은 의무감이다.

얼마 전, 우리 사회를 큰 충격으로 빠뜨린 송파 세 모녀 사건이 있었다. 그들은 사회라는 울타리 속에서 살았지만 세상의 관심 밖에 있었다. 사람들은 찬 시선도 주지 않았다. 이 사건은 실직한 어머니가 만성질환을 앓고 있는 큰딸과 함께 지내면서 더 이상 생활고를 버티지 못하고 "정말 죄송합니다"라는 메모와 전 재산인 현금 70만원을 집세와 공과금으로 남기고 번개탄을 피워 자살한 사건이다.

이들 모녀의 심정이 어떠하였을까? 가난의 굴레를 벗어날 수 없었던 이들은 어머니로서, 딸로서 돈과 끼니를 걱정하며 서로에게 도움을 주지 못한 의무감에 얼마나 시달렸을까? 이들은 이미 관공서에 복지 지원을 타진했으나 조건상 국민기초생활보장제도의 도움을 받지 못했다. 결국 이 세 모녀는 사회의 무관심과 삶의 무거운 짐에 짓눌려 붕괴되고 말았다. 참으로 안타까운 사건이 아닐 수 없다.

자녀의 장래를 위해 가족을 모두 외국으로 보내고 기러기처럼 지내다가 외로움과 뒷감당을 하지 못해 목숨을 끊는 사연을 들으면 어디서부터 사회구조를 바꾸어야 할지 감이 잡히지 않는다. 혼자 쓸쓸하게 버티면서 수입의 전부를 송금해도 턱없이 부족한 돈과, 자신들의 필요가 아니면 제대로 통화할 수 없는 자녀들로 인해 가장으로서 겪는 의무감은 그동안 돈 버는 기계, 돈 부치는 기계였다는 자괴감을 들게 하여 세상을 등지게 만드는 경우가 있다.

자발적 마음에서 우러나오는 의무감은 문제될 것이 없다. 그런데 억지로 해야 하는 것, 내가 하지 않으면 안 되는 그런 의무감이 감정을 상하게 만든다. 이 시대 부모라면 자신이 갖고 있는 가족에 대한 의무감을 스스로 살펴야 한다. 억지성, 강제성을 느꼈다면 그 원인을 살펴서 기쁨과 즐거움, 보람으로 바꾸는 계기를 만들어야 한다.

과도한 의무감의 결과

뭔가를 해야 한다는 의무감은 마음의 여유를 빼앗아간다. 모든 계획에는 마감시간을 두고 진행되어야 하지만, 의무감은 계획표대로 진행할 수 있는 성질이 아니다. 지나친 의무감은 초점을 흐리게 하여 반드시 관계를 망가뜨린다. 당연히 주변을 돌아볼 여유는 더더욱 없게 되고, 기계처럼 그 일을 해내는 데에만 열중하게 된다. 더 이상 일에 대한 성취감을 느낄 틈도 없고 일에 대한 열정과 애정은 식어버렸다. 어떻게든 해내야 하고 억지로 하기 때문에 기쁨은 사라지고 무표정한 모습으로 결과를 위한 행동을 할 뿐이다. 갈수록 내면은 건조해진다.

신앙생활을 무척 열심히 하는 분이 계셨다. 언제나 누가 보아도 신실한 모습이었고, 예배마다 빠지지 않고 교회봉사 활동도 열심인 분이었다. 성도들 모두 그분을 칭찬했고 교회에 없어서는 안 될 분이라 여겼다. 그러다가 그분에게 문제가 생겼다. 교회에서 '이 일도 맡아 달라', '저 일도 도와 달라'는 요청을 받다보니 해야 할 일이 갑자기 너무 많아진 것이다. 거절하지 못하고 맡은 일에 소홀하게 될 때도 있었는데 그로인해 자기에 대한 나쁜 소문을 듣게 되었다. 결국 감정이 상하여 모든 교회 일을 때려치우고 싶었다. 그러나 그만두는 것은 하나님 앞에 죄를 짓는 것 같은 기분이 들어 이러지도 저러지도 못했다. 점점 맡은 일에 대한 열정이 사라지고 형식적으로 참여하는 자신을 볼 때마다 주일이 다가오는 것이 싫어졌다. 과중한 의무감으로 인해 그분의 신앙생활은 시들해졌다.

지나치게 과도한 의무감이 우리를 움직이게 만들면 우리는 추진력을 잃는다. 그 무게감이 과중하여 상황을 떠나고 싶은 마음이 들고 의무라는 짐을 벗어버리고 싶어진다. 그러다보면 의무를 다하여야 할 일이 부담스러워지고 회피하게 된다.

어떤 일을 할 때 기쁨과 같은 긍정적인 정서와 감정이 없다는 것은 마치 기름칠이 되지 않은 톱니바퀴가 억지로 맞물려 돌아가는 모습과도 같다. 윤활유가 없는 톱니바퀴는 조금 지나면 삐걱대다가 망가져 결국 멈추게 된다.

의무감에 얽매여 있다 보면 기쁨이 사라지게 된다. 마음 한구석에서 짜증과 원망이 나오고 결국 모든 것을 하기 싫게 만든다. 내가 이것을 꼭 해야 하나 하는 속상한 마음은 모든 것을 태워버린 것처럼 우리를 소진시켜버린다. 일에만 몰두하던 사람이 신체적, 정신적인 피로가 겹쳐 무기력증과 자기혐오, 직무 거부 등에 빠지는 번아웃 증후군(burnout syndrome)을 겪게 된다.

주부가 평소에는 기꺼이, 즐겁게 가족을 위해 식사를 준비하지만 어느 순간 모든 일이 형식적이 된다. 현모양처라고 소문났어도 지나친 의무감에 사로잡혀 자신을 잃어버리면 '내가 집안의 밥하는 기계인가?' '내가 이 집에서 아내와 엄마가 아닌 식모보다도 못하지 않은가?' '언제까지 가사 노동에 시달려야 하는가?'라는 생각에 자괴감, 분노, 실망감이 폭발할 수 있다.

그러므로 과도한 의무감은 정신적 육체적으로 힘들게 할 뿐 아니라 기쁨이라는 감정을 빼앗아간다. 무거운 감정의 굴레 속에 갇혀 정말 자신에게 소중한 것들을 보지 못하게 만든다. 의무감이라는 감정은 뭔가를 마땅히 해야 하는 마음이지만, 이 감정은 다른 감정처럼 내려놓는 것이 아니다. 내려놓을수록 삶이 꼬이고 엉클어지게 된다. 반드시 자기가 해야 할 일이기에 환경과 우선순위를 고려해서 천천히 자기가 감당해야 할 몫이다. 그리고 의무감은 반드시 상대가 있기 마련이므로 서로 의무를 다할 수 있도록 사랑과 신뢰가 꺾여서는 안 된다. 부부에게, 부모와 자녀 간에, 스승과 제자 간에, 목사와 성도 간에 서로가 지켜야 할 책임과 경계가 있기 때문이다.

'나'를 다시 사랑하기

의무감에 지쳐 있을 때 가장 상처받는 대상은 자기 자신이다. 뭔가 해야 한다는 것에 집중한 나머지 자신의 행복은 뒤로 미뤄두기 때문이다. 또한 의무감은 행동을 통해 뭔가를 해결해 나가는 것을 수반하기에 '그래 내가 희생하자 내가 참자'는 식이 되기 때문이다. 이것을 미덕으로 생각하여 스스로 위로하지만 오래가지 못한다.

하지만 하나님이 원하시는 것은 우리의 행복이다. 우리에게 희생만 강요하지 않는다. 하나님께서는 선을 이루고자 우리 삶의 모든 과정을 이끄신다. 이때 겪는 어려움으로 인해 비록 힘이 들지 몰라도 그것이 불행이 될 수는 없다.

한 가지 고백을 하자면 목회를 하면서 나 역시 힘든 때가 있었다. 나름 성직(聖職)에 자부심과 사명감을 가지고 있지만, 때로는 영적으로 충만한 삶을 살아야 한다는 생각이 부담감으로 작용하였다. 또한 목회자로서 해야 할 많은 일들이 밀려올 때는 누군가 대신 해줄 수 있는 사람이 없을까 하는 생각도 했었다. 정말이지 목사로서의 의무는 사명완수로 직결되는 출발점이 되지만 어떤 때는 목회를 내려놓고 싶은 마음도 들게 한다. 이런 의무감이 부담감으로 작용하면 더욱 일이 뜻대로 되지 않아 하나님 앞에 불평을 토하기도 했다.

"하나님, 왜 저를 목회의 자리로 부르셨어요? 아니, 이 수많은 성도들의 생각과 아픔, 갈등과 대립을 제가 어떻게 위로하고 기도해야 합니까? 모든 것을 아시는 하나님께서 직접 하시면 될 것을, 왜 저를 목회자로 만드셔서 중간에 고생을 시키시는 겁니까?"

"그들의 아픔과 고통을 잘 위로하지도 못하고 게다가 생각을 변화시키는 일은 더더욱 못하는 연약한 저를 목회자로 세우셔서 이렇게 힘들게 하도록 하신 이유가 뭡니까? 정말이지 목사로서 해야 할 일이 너무 많아서 힘듭니다."

이렇게 한참을 불평을 털어놓았을 때, 하나님께서 내게 말씀하셨다.

"나는 너도 행복해지길 원한다." 이 음성에 나는 동의할 수가 없어 고개를 흔들었다. "하나님, 아닌 것 같습니다. 어떻게 행복합니까? 이런 거 저런 거 다 해야 되는데… 행복할 틈이 없습니다."

내가 받은 사명에 대한 책임이 너무 무거워 하나님께서 나를 사랑하지 않는 것처럼 느껴져서 계속 투정을 부렸다. 그럼에도 불구하고 하나님은 나를 사랑하고 내가 행복하길 원하고 계신다는 말씀을 거듭 주셨다. 나뿐 아니라 내가 목회하는 모든 성도들도 사랑하기 때문에, 나와 온 성도가 행복하길 원하신다는 울림과 확신을 주셨다.

이 응답의 말씀을 곱씹으면서 끝까지 나를 중요하게 여기시는 하나님의 위로가 검은 구름 사이로 쏟아지는 햇살처럼 내 마음에 충만하게 느껴졌다. 하나님의 사랑이 어찌나 크고 감사했던지, 그때 받은 은혜를 제대로 설명할 수가 없다. 아무튼 그 길로 목회자로서의 사명과 직분을 되새기면서 스스로를 더욱 사랑하는 마음을 가졌고 포만한 행복을 찾을 수가 있었다.

의무감은 나에 대한 사랑이 식어지게 만드는 감정이다. '그래 내 자신을 사랑하자!' 말 한마디로 사랑이 회복되지 않는다. 나를 돌아볼 틈을 주지 않는 메마른 감정이기에 그럴수록 자신에 대한 사랑을 회복하려는 노력을 해야 한다. 말이 아닌 자신을 다시 볼 수 있도록 자존감을 높여야 한다.

하나님의 존전 앞에 나아가 의무감에 시달리는 우리의 메마른 모습을 보여드릴 때 하나님은 내게 보여주셨던 것처럼 위로를 주시고 사랑을 회복시켜주신다. 하나님의 사랑받는 존재로서 산다는 것을 깨닫게 하심으로 자기에 대한 사랑을 스스로 채우시게 한다.

이것이 축복이요 행복이다. 나의 행복이 하나님의 최대 관심사란 사실에 위로를 받고 더욱 힘차게 살아가게 된다.

하나님은 우리가 쉼을 얻기 원하신다. 행복을 누리고 지속되길 원하신다. "수고하고 무거운 짐 진 자들아 다 내게로 오라 내가 너희를 쉬게 하리라"(마 11:28)는 말씀은 의무감이라는 무거운 짐을 지고 수고하는 우리들에게 하신 말씀이다. 의무감이라는 감정의 짐에 억눌려 있다면 우리는 주님 앞에 나아가 짐을 내려놓고 쉼을 얻고 바닥난 사랑을 채워야 한다.

남편과 사별하고 아이와 둘이 사는 여성이 있었다. 갑작스레 남편을 잃었던 터라 장례식 이후 생활전선에 뛰어들어 닥치는 대로 일을 했다. 커가는 아이의 뒷바라지는 물론 생계를 책임져야 하는 가장으로서의 의무감이 그녀를 짓눌렀다. 교회에서 안색이 좋은 않은 그녀를 보고 성도들은 걱정하며 격려를 했지만, 그녀의 신앙과 삶에 먹구름이 끼기 시작했다. 말수도 점점 적어졌고 가끔 주일예배만 참석했다가 곧바로 생업을 위해 뛰어다녔다. 그러다보니 하나뿐인 딸을 돌아볼 시간이 없었다.

어느 날 딸이 학교에서 부상을 당했다. 그 사실을 늦게 알게 된 엄마가 아이를 다그쳤다. 왜 즉시 연락하지 않았느냐고 물으니 딸은 엄마 일에 방해를 끼치고 싶지 않았고, 괜히 짐이 되기 싫었다는 대답을 했다. 이 말에 엄마는 딸을 부둥켜 앉고 울었다. 제대로 돌보지 못한 딸이 기특하게 여겨졌다. 그동안 소홀했던 딸을 보며 자신의 삶을 반추하였다. 딸도 엄마의 얼굴을 보면서 조심스레 말했다. 요즘 엄마를 보면서 마음이 아팠으며 예전의 모습으로 돌아오길 당부했다. 교회에서도 사람들과 다정하게 지내고 사랑 많았던 진짜 엄마를 보고 싶다고 했다.

그녀는 자신의 삶을 짓눌렀던, 그냥 먹고 살아야 한다는 실체 없는 의무감에 굳어진 감정을 하나님 앞에 내려놓았다. 그러자 그간 자신의 삶을 지배했던 냉담함이 흔적도 없이 녹아 없어졌다. 하나님은 그녀에게 '너의 수고, 너의 짐을 다 알고 있다'는 위안을 주셨다.

딸이 다치는 사건을 통해 주님은 그녀를 일으켜 세우셨다. 그녀는 그토록 자신을 기억하고 사랑하고 계시는 하나님의 은혜를 깨닫고 무엇이 소중한지를 알게 되었다. 생활은 나아진 게 없었지만 예전 모습을 되찾아 생활이 즐겁고 모녀에게 사랑이 넘쳤다. 힘든 몸이지만 교회봉사에도 씩씩하고 힘차게 참여하여 성도들에게 모범을 보였다. 그녀는 의무감에서 승리한 것이다. 자기 자신을 사랑하기로 한 결과이자 하나님의 귀한 선물이 되었다.

의무감에서 승리하기

1. 과도한 의무감에서 벗어나자.
2. 하나님이 나를 인정하시기에 더욱 자신을 사랑해야 한다.

참고말씀_요일 5:3

III

상황으로부터 흔들리는 감정 고백

감정은 외부(사람, 환경, 상황 등)로부터 공격을 받는다.
다양한 원인만큼 반응도 여러 가지로 나타난다.
문제는 말과 행동이 공격적으로 돌변하며
상처를 주고 받기 때문이다.
어떤 감정이든 그 원인을 살피고
다스릴 줄 알아야 한다.
감정의 노예가 아닌, 주인이 되어야 한다.

Chapter 9
두려움 - 공포의 또 다른 이름, 두려움

두려움이 밀려올 때

엘리베이터에 갇혀본 경험이 있는가? 전에 섬기던 교회에서 건축 현장을 둘러보며 겪은 일이다. 여덟 명의 목사가 시험 운전을 하는 승강기에 탔는데 올라갔다가 내려올 때 멈추어 버렸다. 긴급 호출전화로 구조요청을 하고 기다렸지만, 금방 온다던 안전요원은 감감무소식이었다.

처음엔 아무렇지도 않은 듯 농담도 오갔지만 시간이 흐르면서 서로를 바라보는 눈빛이 달라졌다. '혹시 우리의 구조요청을 잊은 건 아니겠지? 많은 사람이 있는데 산소부족으로 질식하면 어떡하지?' 이런 두려움이 엄습해오자 손과 등줄기에 식은땀이 맺혔다. 잠시 인생을 돌아보았다. 가족들, 성도들, 무엇보다 교회 걱정이 앞섰다.

이대로 추락하면 어쩌나 하는 생각에 눈을 감고 뛰는 가슴을 억눌렀다. 다행히 1시간 조금 지나 무사히 나올 수 있었지만 길고 긴 공포의 시간이었다.

이 사건으로 인해 나는 연약한 인간의 존재를 다시 깨닫게 되었다. 인간은 한치 앞도 모르는 인생이라는 사실을. 예측할 수 없는 상황을 맞이하여 아무것도 할 수 없을 때 그 무기력은 두려움을 넘어서 공포까지 뼈저리게 느끼게 만든다.

사람은 두려운 감정을 느낀다. 평소 겉으로는 드러나지 않아도 누구나 마음속에는 늘 두려움이 내재해 있다. 우리 뇌는 두려움의 실체가 무엇인지 알기도 전에 두려움에 빠진다고 한다. 그것은 대뇌피질이 자극을 분석하고 인식하기 전에 일단 편도체가 자극받아 먼저 공포를 유발한다는 것이다. 우리의 의지로 두려움을 자유롭게 조절할 수 없는 이유가 바로 여기에 있다. 이것은 두려움을 관장하는 편도체가 우리 뇌 속에서 작용하고 있기 때문이다. 이 세포가 두려움에 반응하는데 우리가 태연한척 해도 두려움을 차단하거나 극복하게 하는 것이 아니라 뇌의 다른 부분으로 이동시키기 때문에 언제든지 다시 두려움에 사로잡히게 된다고 한다. "자라 보고 놀란 가슴 솥뚜껑 보고 놀란다"는 속담처럼 말이다.

  우리는 본능적으로 두려움의 강도가 커지는 것을 느끼고 있다. 개인생활에서 조금만 몸에 이상이 오거나 아플 때, 생활 곳곳에서 일어나는 사건, 사고를 접하면서 많은 두려움을 느낄 때가 많다. 어느 날 샤워를 하다가 몸속에 뭔가 잡혀질 때 스치는 두려움을 한두 번 경험했을 것이다. 또한 각종 흉악한 범죄소식을 들을 때 부모의 입장에서 자녀들에 대한 걱정으로 두려움에 휩싸인다. 이처럼 두려움이 밀려오는 것은 개인의 사소한 감성에서부터 외부 요인까지 다양하다. 두려움은 노력한다고 해소되는 것이 아니다. 자신의 앞길을 가로막는 장애물이다.

  영국의 낭만파 시인인 존 키츠(John Keats, 1795-1821)는 〈내가 두려움을 느낄 때〉라는 시를 통해 우리의 심금을 대변하는 두려움의 실체에 대해 구체적으로 표현했다.

> When I have fears that I may cease to be
>   내가 존재하기를 그칠지도 모른다는 두려움을 느낄 때,
>
> Before my pen has glean'd my teeming brain,

나의 펜이 충만한 두뇌에서 이삭을 다 줍기도 전에,

Before high-piled books, in charactery,
Hold like rich garners the full ripen'd grain;
   문자로 높이 쌓인 책들이
   풍성한 곡식처럼 원숙한 곡식알을 간직하기도 전에;

When I behold, upon the night's starr'd face,
Huge cloudy symbols of a high romance,
   내가 밤의 별이 총총한 얼굴에서
   고도로 로맨틱한 거대한 구름들의 상징들을 쳐다보고

And think that I may never live to trace
Their shadows, with the magic hand of chance;
   그 상징의 그림자를, 행운의 마술적인 손으로,
   추적할 만큼 결코 살 수 없으리란 생각이 들 때;

And when I feel, fair creature of an hour,
   그리고 내가, 덧없는 아름다운 것이여,

That I shall never look upon thee more,
   내가 다시는 그대를 더 바라볼 수 없다고 느낄 때,

Never have relish in the faery power Of unreflecting love;--then on the shore

분별없는 사랑의 너 요정 같은 힘을
다시는 맛볼 수 없다고 생각할 적에;
Of the wide world I stand alone, and think
그때 광막한 세계의 해변에 나는 홀로 서서 생각한다.
Till love and fame to nothingness do sink.
사랑과 명성이 無로 가라앉을 때까지…

- 〈When I Have Fears〉

두려움이 보내는 신호

두려움이 없는 사람은 없다. 우리는 자신이 왜 두려움을 느끼고 있는지를 잘 알고 있다. 물론 감정의 예민함이 우선이지만 신체적 변화를 통해 그 정도를 알 수 있다. 실제 두려운 감정을 느낄 때 체내에서 아드레날린 호르몬이 분비된다. 심하면 동공이 확장되기도 하고 신체의 털이 곤두서기도 하는데, 이것은 감정이 이성보다는 본능에 가깝다는 것을 의미한다.

맞는 말이다. 두려움은 본능적으로 느껴지는 감정이기에 이성으로 제어하는 일이 어렵다. 번지점프대에 올라가면 보통 모두 두려움을 느낀다. 그런데 두려움이 지나치면 번지점프를 아무리 멋있게 뛰어내리고 싶어도 몸이 거부한다. 번지점프는 안전에 아무런 문제가 없다. 안전줄에 맡기고 스릴을 즐기면 된다. 생명에 위험이 따르지 않는다는 사실을 이성적으로 알고 있지만 발이 떨어지지 않는다. 본능적으로 위험을 인지하는 두려운 감정이 몸을 방어하면 아무리 심호흡을 하고 진정을 해도 두려움이 몸에서 떨어지지 않는다. 두려움은 감정을 제거하는 것이 아니라 얼마만큼 자기가 수용할 수 있느냐의 문제이다.

「속지 않고 기죽지 않고 사는 즐거움」을 쓴 독일의 요제프 키르슈너(Kirschner Josef, 1931-)는 자신이 그동안 살아오면서 품었던 두려움을 정리하였다. 몇 가지만 적으면 끝날 줄 알았는데 무려 345가지의 목록이 작성되었다. 그는 이것을 정리하면서 자신은 물론 남들의 행동에 대해서도 깊은 통찰을 얻었다. 무엇보다 아주 개인적인 사소한 일도 두려움으로 직결되었다는 것을 확인한 것이다. 예를 들어 입 냄새에 대한 두려움, 누군가에게 피해를 끼치게 될지 모른다는 두려움, 사람들에게 웃음거리가 될지도 모르는 두려움, 자녀들이 밖에서 교통사고를 당할지도 모른다는 두려움 등이다.

그는 345가지나 되는 목록에 대해 분석을 했는데 사람들이 믿감하게 반응하는 보편적인 감정을 세 가지로 구분하였다. 첫째, 획득한 것을 잃게 될지 모른다는 두려움, 둘째, 미지에 대한 두려움, 셋째, 현실에 대한 막연한 두려움이었다. 이처럼 우리 일상의 사소한 부분까지 두려움은 간섭하고 있다. 사실 이러한 감정은 실제 일어나지 않는 쓸데없는 두려움이다

   우리 집 큰 녀석은 밝고 명랑하게 성장했는데 언제부터인지 카메라 플래시에 심한 거부반응을 보였다. 어떤 경험을 했는지 모르겠으나 번쩍 터지는 플래시가 공포가 되어 카메라를 들이대면 두려움을 느끼고 경직되었다. 귀여운 모습을 담고 싶었지만 완강한 저항에 거의 제대로 담은 것이 없다.

   그래서 어쩔 수 없이 찍은 여권용 사진을 보면 지금도 더욱 애잔해진다. 어린이사진 전문스튜디오에서 촬영을 할 때, 사진사는 걱정하지 말라고 장담을 하였다. 그러나 렌즈 초점을 맞추려고 하면 울어 재치는 통에 사진관 주인은 결국 손도 발도 다 들었다. 사진사는 버럭 소리를 치며 사진을 찍었다. 카메라 플래시 트라우마가 있는 큰 애를 이해하지 못한 주인이 원망스러웠고, 놀란 아들에게 미안했다. 이때 찍은 엉엉 우는 표정의 여권 사진은 두고두고 가슴을 쓰리게 했다.

이렇게 두려움은 사소한 미시적인 부분부터 거시적인 부분까지 확장되어 나타나는데 상실에 대한 두려움이 가장 크다고 한다. 뭔가를 소중한 것을 상실했거나 결핍되었을 때 두려움이 감정을 자극하면서 깊어진다. 아끼고 사랑했던 것이 더 이상 존재하지 않을 때 찾아오는 상실감이 두려움으로 전환되어 사람을 힘들게 한다.

또 건강에 대한 두려움이 있다. 몸에서 뭔가 만져진다고 했을 때 바로 병원을 찾지 못하는 것은 자신의 몸에 대한 과신도 있겠지만, 대부분 큰 병이 아닐까 하는 두려움이 가져올 고통과 고난을 염두에 두고 회피하고 싶은 마음에서 연유한다. 이것은 죽음과도 연관되어 있다. 정말 암이라도 도졌다면 투병도 문제지만 죽음의 문턱을 생각해야 하기 때문에 그렇다. 우리는 누구나 죽음에 대한 두려움을 가지고 있다. 자신이 죽는다는 사실을 수용하기 힘들고, 그러기에 죽음을 어떻게 맞이할 것인가? 죽음 이후 어떤 일이 벌어질 것인가? 전혀 생각을 해본 적도 없고 준비도 하지 않았는데 불청객처럼 찾아온 몸의 이상을 반길 리가 없다.

이렇듯 두려움은 곳곳에서 우리의 몸과 마음을 망친다. 두려움은 마치 물이 가득한 컵에 떨어진 잉크와도 같다. 그렇게 깨끗하던

물도 잉크 한 방울이 떨어지면 금방 색이 변하고 만다. 두려움도 몸과 마음을 휘감아 버린다. 사소했던 감정이 온통 정신을 착란하게 만들고 몸을 경직하게 만든다. 광풍에 휘말린 돛단배처럼 그저 흔들리며 고통으로 내몰리게 된다. 아니면 솥에 들어간 개구리가 찬물에서 놀다가 결국 뜨거운 물에 죽는 것처럼 스트레스와 불안은 우리의 의식을 자신도 모르게 마비시키는 두려운 감정으로 변한다.

두려움, 꺼져(out)

두려움을 이길 힘은 사랑 밖에 없다. 그리고 그 사랑은 완전한 사랑이어야 하고 완전한 사랑은 하나님의 사랑 외에는 없다. 그 사랑이 갖는 위력은 이처럼 대단하다.

> "사랑 안에 두려움이 없고 온전한 사랑이 두려움을 내쫓나니 두려움에는 형벌이 있음이라 두려워하는 자는 사랑 안에서 온전히 이루지 못하였느니라. 우리가 사랑함은 그가 먼저 우리를 사랑하셨음이라." _ 요일 4:18~19

크리스천은 하나님의 사랑 안에 있을 때 두려움이 사라진다. 우리의 생명은 유한하다. 인간은 죽으면 모두 하나님의 심판을 받아야 한다. 심판은 당연히 두려움이 뒤따른다. 하나님과의 사랑이 끊기면 영원한 사망에 이르게 된다. 하나님은 먼저 우리를 버리시지 않기 때문에 두려움을 더 이상 우리가 간직할 필요가 없다.

하나님은 우리를 먼저 사랑하셨다. "그가 먼저 우리를 사랑하셨음이라"는 말씀처럼 완전한 사랑으로 우리를 초대하셨다. 하나님의 사랑은 예수 그리스도를 통해 완성되셨다. 죄인인 우리에게 다가오는 것은 사망이다(롬 6:23). 예수 그리스도를 보내신 하나님을 믿을 때 심판을 받지 않고 생명을 얻을 수가 있다(요 5:24). 우리의 죄를 대속하시기 위해 독생자를 세상에 보내셨고, 우리 죄를 위해 대신 십자가에 죽으심으로 완전한 사랑을 성취하였다. 이 사랑을 무엇과 비교할 수 있겠는가?

그래서 성경은 그 사랑을 깨닫고 그 사랑 안에 거하는 자에겐 두려움과 같은 부정적 감정은 공존할 수 없으며 세상의 어떤 어려움으로부터 이겨낼 수 있음을 분명히 말한다.

그러나 연약한 우리는 두려움을 느낀다. 그리고 그 두려움은 사랑을 쪼그라들게 한다. 바람 빠지는 풍선처럼 힘없이 바닥으로 쓰러지게 한다. 두려움을 쫓아낼 수 있는 방법은 사랑의 크기를 키워야 한다. 하나님 앞에 나를 완전히 내려놓고 크고 위대한 '아버지의 사랑'을 받아들이면 마음에 얼음처럼 박혀있는 두려움은 사라진다. 우리의 피난처가 되시는 하나님께서 우리를 품으시기에 두려움이 사라지는 놀라운 체험을 하게 된다.

> "누가 우리를 그리스도의 사랑에서 끊으리요 환난이나 곤고나 박해나 기근이나 적신이나 위험이나 칼이랴 … 그러나 이 모든 일에 우리를 사랑하시는 이로 말미암아 우리가 넉넉히 이기느니라. 내가 확신하노니 사망이나 생명이나 천사들이나 권세자들이나 현재 일이나 장래 일이나 능력이나, 높음이나 깊음이나 다른 어떤 피조물이라도 우리를 우리 주 그리스도 예수 안에 있는 하나님의 사랑에서 끊을 수 없으리라." _ 롬 8:35~39

이 말씀을 통해 우리를 세상과 완벽하게 격리하시고, 부정적 감정을 완전히 치유하고 다시는 세상적 감정에 휘둘리지 않도록 이끄시는 하나님의 사랑을 확인할 수 있다.

「주는 나의 피난처」라는 책을 써서 전 세계에 큰 감동을 주고,

사랑과 용서의 복음을 전한 믿음의 사람 코리 텐 붐 여사가 나치 수용소에 겪은 간증이다. 그의 가족은 유대인이 아니었지만 그들을 숨겨주었다는 이유로 체포되었다. 눈엣가시였던 코리는 40일 동안 독방에 갇혀 유대인보다 더 심한 고통을 받았다. 몸도 가눌 수 없는 좁고 밀폐된 공간은 추위와 배고픔보다도 참을 수 없는 공포 그 자체로 정신착란을 일으키게 했다.

코리 여사는 혼미해진 정신을 여러 번 놓길 반복했다. 버티는 것이 한계에 이르자 죽는 것이 소원이 되었다. 그저 벽에 머리를 부딪치며 하나님께 넋두리를 털어놓는 것 외에는 할 수 있는 게 없었다.

"하나님! 저는 이제 견딜 수가 없습니다. 너무 이곳이 두렵습니다. 무엇보다 외로움과 고독이 저를 삼키고 있습니다. 이제 믿음도 사라졌습니다. 자, 이제 어떻게 합니까? 차라리 저를 제발 데려가십시오."

형무소의 열악한 환경과 혹독한 고문에 더 이상 버틸 힘이 없었던 코리는 마지막 절규하듯 내뱉었다. 그때 하나님의 음성이 들려왔다. 바로 옆에 있는 개미를 바라보라는 것이었다. 여러 마리 개미가 바삐 움직이고 있었다. 하나님은 개미가 어디로 가고 있는지 물으셨다. 개미는 작은 틈으로 빠져나가고 있었다.

"코리야, 너는 지금 피할 곳이 없다고 생각하지만 내가 있지 않느냐? 내가 바로 너의 피난처다. 이제 나를 향해 오거라. 내가 너를 품어주마. 나는 너를 끝까지 사랑하고 언제나 너를 보호할 것이다. 나만 바라보아라."

그 순간 코리 여사는 잊고 있던 하나님의 사랑을 떠올렸다. 자신을 위해 고통과 수모를 받으시며 갈보리 산에 올라 십자가에서 돌아가신 예수님의 희생과 죽음, 그리고 그 안에 담겨진 하나님의 완전한 사랑과 섭리가 온 몸을 흔들어 깨웠다.

코리 여사는 독방에서 다시 기도를 올렸다. 개미가 틈새로 들어가 피하는 것처럼 자신도 피난처가 되시는 하나님의 완전하신 사랑 안으로 들어가겠다고 고백했다. 코리 여사에게 두려움이 사라졌다. 고통은 계속되었지만 참을 수 있었다. 알 수 없는 힘이 견딜 수 있도록 이끌었다. 코리 여사가 독방에서 나왔을 때 모두 놀랐다. 대부분 정신병자처럼 몸을 가누지 못해 쓰러졌는데, 온화하고 평안한 얼굴로 걸어가는 코리 여사의 모습에 깊은 감명을 받았다.

코리 여사의 간증처럼, 두려움은 회피한다고 해서 사라지는 것이 아니다. 일단 두려움을 인정하되 그것을 사랑으로 몰아내야 한다. 두려움 '꺼져'(OUT)를 외치며 하나님의 완전한 사랑 안에 거하기를 구해야 한다. 사랑이 있을 때 믿음이 강해지고 소망이 생긴다. 그만큼 사랑이 모든 것을 지배하고 있다는 증거다.

영국의 유명한 설교가인 찰스 스펄전(Charles H. Spurgeon, 1834-92) 목사가 시골의 어떤 농가를 방문했을 때의 일이다. 한쪽 구석에 있는 풍향계 지지대 끝에서 방향지시판이 흔들리고 있었다. 호기심에 자세히 지시판을 바라보면서 '하나님은 사랑이시라'는 문구를 발견하였다. 스펄전 목사가 농부에게 물었다.

"설마 하나님의 사랑이 바람 부는 대로 흔들린다는 뜻은 아니겠지요?"

그러자 그가 웃으며 이렇게 대답했다.

"정반대입니다. 바람이야 어떤 방향으로 불던지 간에 하나님의 사랑은 변함이 없다는 의미로 이 말씀을 적어놓은 겁니다."

하나님의 사랑은 어떤 상황에서든 변함없으시고 완전하신 사랑이다. 우리가 어둠을 헤맬 때에는 빛이 되어 주신다. 아프고 힘들 때 다가와 위로하시고 손을 내밀어 이끌어 주신다. 우리를 구원하시기 위해 직접 이 땅으로 내려오신 분이시다. 하나님은 독생자 예수님을 통해 영원한 생명으로 우리를 이끄셨다. 하나님의 사랑 앞에 그 어떤 세상의 지식도, 권세도 힘을 발휘할 수 없다. 그 어떤 두려움도!

두려움에서 승리하기

1. 두려움은 자신의 연약함을 인정하고 하나님을 찾으라는 신호다.
2. 완전한 사랑 안에 거하라.

 _참고말씀_요일 4:18-19

Chapter 10
걱정 - 오만 가지 걱정에 둘러싸인 우리들

걱정 없는 게 걱정이다?

걱정 많은 한 사람이 있었다. 그 사람은 자나 깨나 걱정을 달고 사는 사람이라서 그와 만나면 없던 걱정도 생겨날 정도였다. 그런데 어느 날 그가 환한 모습으로 변했다. 이유가 궁금해진 친구가 물었다.

"너는 늘 걱정 근심 속에서 살던 사람인데 어쩐 일로 그렇게 밝아졌니?"

"응. 내가 평소에 너무 걱정이 많아서 대신 걱정해 줄 사람을 고용했어. 하루에 백만 원씩 주기로 했거든. 그래서 이젠 걱정이 필요가 없게 되었다고."

이 말을 들은 친구가 어이없는 표정을 지었다. 하루에 들어가는 돈을 어떻게 감당할지 걱정이 되어 물었다.

"그런데, 무슨 돈이 있어서 그 사람을 고용하니? 그렇게 큰돈을 주면서."

"걱정할 필요가 없다고 했잖아. 그 걱정도 그 사람이 알아서 하겠지."

흔히 오만 가지 걱정을 다한다는 말을 한다. 걱정거리가 5만 가지가 된다는 표현에서 과장이려니 하겠지만 실제 사람이 하는 걱정의 종류는 수만 가지에 이를 정도로 다양하다. "걱정도 팔자다"라는 우리말 표현이 있다. 이것은 절대로 이루어질 수 없는 일에 지나치게 걱정하는 것을 표현할 때 사용한다.

세계적인 자기계발 컨설턴트 강사인 어니 젤린스키(Ernie J. Zelinski)는 「모르고 사는 즐거움」이란 책에서 현대인의 걱정을 분석했다. 평소 사람들이 하는 걱정에서 40%는 절대 현실에서 일어나지 않을 일에 대한 것이라고 했다. 그리고 30%는 이미 일어난 일에 대한 고민이라고 한다. 그리고 22%는 무시해도 좋을 사소한 걱정이며, 또 4%는 도저히 사람의 힘으로 어쩔 수 없는 것이며, 나머지 4%만이 우리가 바꿔놓을 수 있는 것이라고 밝혔다. 그는 쓸데없는 걱정에 휩싸이지 않고 긍정적으로 사는 것이 성공의 비결임을 제시하였다.

결국 우리가 바꿀 수 있는 것은 4%에 지나지 않기 때문에 96%는 하나마나한 걱정이다. 괜히 생기지도 않은 일을 염려하고, 그것 때문에 고통을 받는 것은 어리석은 일이다. 긍정적인 사고가 필요하다. 그런데 우리는 늘 걱정에 저당 잡히고 있다. 뭔가에 부족함을 느끼기 때문에 염려를 하고 있다. 취직과 결혼, 실업과 노후 등 남녀노소를 가리지 않고 걱정은 가중되고 있다.

하지만 부족해서 걱정도 되지만 너무 많아서 걱정하는 경우도 있다. 걱정거리는 너무 없어서 생겨날 수 있고, 너무 넘쳐서 생겨날 수도 있다. 그래서 걱정이란 감정은 시도 때도 없이 사람을 옭아맬 수 있다. 내면을 침식당하지 않도록 자신을 방어하는 지혜와 감사하는 마음이 필요하다. 걱정은 언제든지 내면을 공격할 준비 태세가 되어있다.

걱정의 공격

'걱정인형'은 어느 보험회사의 광고로 우리에게 더욱 알려졌다. 과테말라 고산지대 원주민들의 풍속에서 유래하였다. 이것은 걱정으로 잠을 이루지 못하는 사람들이 잠들기 전에 자기의 걱정을 인형에게 말하고 베게 밑에 놓고 잠을 청하면 걱정은 사라지고 잠을 잘 잘 수 있다고 한다. 인형이 걱정을 대신하는 일종의 체면인데, 불면증에 좋은 효과가 있다고 한다.

이 걱정인형은 우리나라에서도 상품화되어 한때 많은 각광을 받기도 하였다. 어쨌든 순기능적인 효과가 있기에 현대인들은 자신의 여러 걱정을 덜고자 주술처럼 사용하고 있다. 이러한 현상은 그만큼 걱정이란 감정이 현대인들에게 미치는 영향력이 크기 때문일 것이다.

걱정이 끼치는 가장 큰 영향은 우리의 마음과 영혼의 세계를 먼저 분열시킨다는 데에 있다. 걱정이라는 단어를 헬라어로 살펴보면 '메림나오'(μεριμνάω) 즉 분열한다는 의미를 지니고 있는데, 이 단어는 '나누다'(메리조, μερίζω)라는 말과 '마음'(누스, νοῦς)이라는 단어가 합쳐진 합성어다. 즉 마음이 나누어진다는 의미다. 걱정은 분열시키는 힘이 있기에 생각이 많아지고, 집중할 수 없을 정도의 여러 생각 때문에 마음이 흔들리고 분주한 모습을 보이게 된다.

실제 믿음생활을 하면서 걱정으로 인해 분열된 모습을 보일 때가 많다. 하나님께 염려, 근심을 다 맡기겠다고 해 놓고 기도를 마치고 일어서는 순간 다시 걱정을 시작한다.

또 하나 걱정이 끼치는 부정적인 영향력은 영혼을 질식시킨다는 데 있다. 걱정을 영어로 옮기면 'worry'인데 이 단어의 어원은 'strangle'이라는 뜻도 포함하고 있다. '목을 조인다'는 의미다.

걱정을 많이 하는 사람은 질식할 정도로 답답함을 겪는다. 숨을 못 쉴 정도로 조이는 기분을 느끼고 압사당할 것만 같은 불안이 계속되기에 정상적인 삶을 살 수가 없다. 폐쇄된 공간은 호흡 그 자체가 고통이다. 폐쇄된 내면은 들숨과 날숨이 폐부를 찌르는 것처럼 걱정이 고통으로 변하기 때문에 믿음과 감사, 소망 등이 들어설 자리가 없다. 당연히 육체적으로도 고통을 동반하여 스트레스성 위장 장애를 일으킨다. 또한 불면증에 시달리기도 한다. 성경은 "심령의 근심은 뼈를 마르게 하느니라"(잠 17:22)고 묘사하고 있다. 그만큼 걱정이 기운을 소진시키고 뼈를 마르게 함으로 육체의 연약함도 함께 가져온다는 것이다.

세계적인 치유심리학자로 인정받고 있는 브렌다 쇼샤나(Brenda Shoshanna)는 그의 저서 「걱정 버리기 연습」에서 걱정이 우리 삶을 어떻게 방해하는지를 밝히고, 걱정의 다섯 가지 얼굴을 살폈다. 걱정을 우리 삶을 갉아먹는 망상, 집착, 한계, 게으름, 불신으로 규정하였다. 그는 사람의 불안을 불러일으키는 요소를 제거하고 회복력을 기르는 방법을 제시하였다. 그는 걱정이 사람을 무능하게 만들고 두려움을 조장한다는 사실을 밝히고 걱정을 버리는 일곱 가지 연습사항을 주장하였다. 좋은 제안이지만 신앙인은 성경의 원리로 풀어야 한다.

그래서 예수님은 걱정 때문에 힘들어하는 우리에게 분명히 명령하고 계신다. 목숨과 몸을 위하여 걱정하지 말 것을 말씀하셨다 (마 6:25). 목숨을 위해 무엇을 먹을까 무엇을 마실까 무엇을 입을까 염려하지 말라고 단호하게 말씀하셨다.

예수님은 걱정을 쉽게 해소하지 못하는 우리의 형편을 잘 아시고, 거듭 비유를 통해 강조하셨다. 하늘의 새와 들의 꽃을 이야기하셨고, 걱정하는 것으로 그 키를 한 자라도 더할 수 없고 생명을 잠시라도 연장할 수 없다고 하셨다. 그만큼 무익한 것을 아신 예수님은 근심하지 말 것과 마음을 다스리고 하나님께 의지할 것을 말씀하셨다.

이처럼 걱정하는 것은 신앙생활에 아무런 유익이 없다. 걱정한다는 것은 하나님을 바라보지 않고 상황을 바라보는 것을 의미하기 때문이다. 하나님은 우리의 근심을 이미 알고 계신다. 우리는 세상 사람들이 구하는 것이 아닌 하나님 나라를 구해야 한다. 그리하면 우리가 살아가면서 필요한 것을 더하신다고 예수님은 말씀하셨다. 그런데 우리는 하나님께서 하셔야 하는 일을 내가 해야 하는 것으로 생각한다.

하나님을 신뢰하지 않고 자기가 구하고 애쓰면 결국 지쳐서 신앙이 흔들리게 된다. 우리가 능력이 없어서 안 되는 일을, 하나님이 책임지시는 그 일을, 근심하고 염려할 필요가 없다. 걱정은 비신앙적인 모습이다.

내일의 염려가 아닌 오늘의 축복을

어린 아이들은 늘 표정이 밝다. 그 원인은 자신의 감정을 솔직하게 표현하기 때문이다. 놀다가 넘어져 울거나 자신의 필요를 위해 보채기도 하지만, 금세 잊고 만다. 자기의 감정을 표현하면 부모가 알아서 챙겨주기 때문에 근심거리가 없게 된다.

어른이 된다는 것은 무엇을 의미하는가? 일본 도쿄대학교 교수인 구마노 스미히코(熊野純彦)는 "어른이 되는 첫 지점은 소중한 것,

그리운 것, 그리고 곁에 두고 싶은 것이 생기는 순간이다"라고 했다. 어른이 된다는 것은 아름다운 축복의 과정을 헤치고 나가는 것이다. 그런데 언제부터인지 해맑음을 잃어버렸다. 어른이 되어가면서 자신을 잊고, 자신보다 중요한 것에 마음을 빼앗기고 있다. 걱정이 많아졌기 때문이다. 우리가 걱정에서 벗어나는 비결은 어린 아이 심정으로 돌아가는 것이다. 하나님은 우리의 영적인 부모가 되시고 우리는 자녀다. 어린 아이로 놀아가 나를 돌보시고 이끄시는 하나님을 믿고 의지하면 된다. 세상의 많은 것을 움켜잡으려 인생을 낭비한다. 인생을 낭비하는 것은 죄이다. 우리는 이 걱정, 저 걱정으로 인생을 얼마나 낭비해 왔는가?

천지만물의 창조자 되시는 하나님께서 우리의 아버지시다. 우리 모든 것을 책임져주신다. 다시 성경의 이야기로 돌아가 보자.

"공중의 새를 보라 심지도 않고 거두지도 않고 창고에 모아들이지도 아니하되 너희 하늘 아버지께서 기르시나니 너희는 이것들보다 귀하지 아니하냐. 너희 중에 누가 염려함으로 그 키를 한 자라도 더할 수 있겠느냐. 또 너희가 어찌 의복을 위하여 염려하느냐 들의 백합화가 어떻게 자라는가 생각하여 보라 수고도 아니하고 길쌈도 아니하느니라." _ 마 6:26~28

예수님은 우리가 목숨과 몸을 위해 염려할 것을 이미 아셨기에, 모든 것을 책임져주시는 하나님의 섭리를 총천연색 영화를 보는 것처럼 생생하게 설명해주셨다.

우리가 자주 부르는 〈너 근심 걱정 말아라〉(새찬송가 382장)라는 찬송이 있다. 이 곡은 만들어진 배경을 알면 더 은혜가 넘친다. 작사는 아내가, 작곡을 남편이 하였고, 하루 만에 화성까지 완성하였다. 이 곡은 시간과 장소를 가리지 않고 우리를 지켜주시는 하나님의 사랑을 아름답게 담았다.

1904년 월터 마틴(Walter S. Martin) 목사는 몸이 아픈 아내를 두고 나설 수가 없어 예정된 설교를 취소하려고 하였다. 갑자기 병환이 심해져 발걸음을 뗄 수가 없었다. 그때 아홉 살짜리 아들이 불쑥 한마디를 건넸다.

"아빠, 아빠가 그곳에 가서 설교하는 것이 하나님 뜻이라면 아빠가 없는 동안 하나님께서 엄마를 지켜주실 거예요."

마틴 목사는 아들의 말에 정신이 번쩍 들었다. 아들을 통해 하나님께서 꾸중하신다는 생각에 교회로 향했다. 병상에 있던 아내도 걱정에 붙들렸던 것을 회개하고 그때 받은 은혜와 감사를 글로 담았다. '어려운 일을 당해도 주께서 지키리'라는 고백이었다.

설교를 마친 마틴 목사 역시, 마음에 평안과 기쁨이 찾아왔다. 모든 순서를 마치고 돌아오자 아내는 찬송시를 건네주었다. 남편 대신 자신을 돌보시는 하나님의 임재를 느끼면서 받은 영감은 마틴에게 그대로 전달되었다. 마틴은 병원의 채플실로 가서 오르간을 켜며 곡을 붙였다. 그리고 그날 저녁 예배 때, 네 명의 성가대원이 불렀고, 많은 사람들에게 위로와 용기를 주고 있다.

    1. 너 근심 걱정 말아라 주 너를 지키리
       주 날개 밑에 거하라 주 너를 지키리

    2. 어려워 낙심 될 때에 주 너를 지키리
       위험한 일을 당할 때 주 너를 지키리

    3. 너 쓸 것 미리 아시고 주 너를 지키리
       구하는 것을 주시며 주 너를 지키리

    4. 어려운 시험 당해도 주 너를 지키리
       구주의 품에 거하라 주 너를 지키리

〈후렴〉

주 너를 지키리 아무 때나 어디서나

주 너를 지키리 늘 지켜 주시리

하나님은 우리를 돌보신다. 마틴 목사 부부처럼 모든 것을 주님께 의탁할 때, 근심 걱정은 사라지고 감사가 넘쳐나게 된다. 지금 살아있는 것이 축복이다. 축복을 느끼고 누릴 때 걱정 염려는 자연스럽게 사라진다.

"내일 일을 위하여 염려하지 말라 내일 일은 내일 염려할 것이요 한 날의 괴로움은 그 날로 족하니라." _ 마 6:34

내일의 염려 때문에 오늘의 축복을 놓치지 말아야 한다. 흔히 우리 인생에서 축복을 빼앗는 두 가지 강도가 있다고 한다. '어제의 후회'와 '내일의 염려'를 말한다. 이미 지나간 일과 아직 오지 않은 일을 가지고 근심해서는 안 된다. 어제의 후회와 내일의 염려로 시간을 채우면 오늘 감사할 시간이 없기 때문이다. 염려는 죄를 불러올 환경을 만든다. 감사는 염려 근심을 사라지게 한다. 오늘을 붙잡는 것은 축복이요, 감사의 출발이 된다.

과거의 집착은 나를 옭아맨다. 미래의 불안은 나를 주저앉힌다. 여기에서 벗어나는 방법은 자신의 존재를 깨닫고 감사할 수 있도록 만들어주신 하나님 앞에 바로 서는 것이다.

사도 바울의 유명한 고백은 오늘날 우리에게도 유효하다. "내가 나 된 것은 하나님의 은혜로 된 것이니 내게 주신 그의 은혜가 헛되지 아니하며"(고전 15:10)라는 구절에 위로를 받는다. 이미 주신 것을 바라보면서 감사하며 하나님의 은혜로 살아가는 것이 신앙인의 참된 모습이다.

걱정을 기도로 바꾸는 지혜

걱정에서 벗어나기 위한 가장 좋은 방법은 걱정을 기도로 바꾸는 것이다. 걱정거리를 하나님께 솔직히 고백하는 것이다. 하나님과의 대화는 화려한 문장과 능숙한 말솜씨로 이어지는 것이 아니다. 구약성경에 등장하는 한나는 임신을 하지 못해 브닌나에게 심한 고통을 받았다. 너무 괴로웠던 한나는 여호와께 기도하고 통곡하였다. 그녀는 너무 감정이 격하여 제대로 아뢰지 못하고 입술만

달싹거렸다(삼상 1장). 분명한 어조로 간구하지 못했어도 하나님은 한나의 기도를 들으셨다. 한나는 응답을 받았고 얼굴에서 근심이 사라졌다.

> "나는 물 같이 쏟아졌으며 내 모든 뼈는 어그러졌으며 내 마음은 밀랍 같아서 내 속에서 녹았으며, 내 힘이 말라 질그릇 조각 같고 내 혀가 입천장에 붙었나이다 주께서 또 나를 죽음의 진토 속에 두셨나이다."
> _ 시편 22:14~15

> "하나님이여 나를 구원하소서 물들이 내 영혼에까지 흘러 들어왔나이다. 나는 설 곳이 없는 깊은 수렁에 빠지며 깊은 물에 들어가니 큰 물이 내게 넘치나이다. 내가 부르짖음으로 피곤하여 나의 목이 마르며 나의 하나님을 바라서 나의 눈이 쇠하였나이다." _ 69:1~3

하나님은 우리의 심중을 정확히 알고 계신다. 한나의 마음을 헤아려 응답하셨고, 시편 기자의 마음의 파도를 잔잔하게 하셨다. 성난 폭풍처럼 걱정이 요동쳐도 주님을 바라보고 기도로 바꾸는 연습을 해야 한다. 기도는 넋두리를 늘어놓는 것이 아니다.

감정을 부어놓는 기도란 무엇인가? 솔직한 심정을 털어놓는 것이다. 우리는 예수님의 기도에서 그것을 찾아볼 수 있다. 예수님은 친히 인간의 몸으로 이 땅에 오셨다. 아무 죄도 흠도 없는 예수님이지만 우리를 대속하기 위해 성육신하셔서 십자가에 달리시는 길을 걸어가셨다. 예수님은 영적으로 하나님이셨지만 육적으로 인간의 몸을 입으셨기에 우리와 같은 성정이 있었다. 똑같이 먹고 마셨으며 희노애락을 느끼셨다. 예수님의 감정은 우리와 다를 바가 없다. 그래서 히브리서 기자는 예수님을 이렇게 묘사하고 있다.

> "그는 육체에 계실 때에 자기를 죽음에서 능히 구원하실 이에게 심한 통곡과 눈물로 간구와 소원을 올렸고 그의 경건하심으로 말미암아 들으심을 얻었느니라. 그가 아들이시면서도 받으신 고난으로 순종함을 배워서."
> _ 5:7~8

예수님도 우리와 똑같이 죽음 앞에서 하나님께 통곡과 눈물로 간구하였다. 사람이라면 누구나 느끼는 감정을 예수님도 느끼셨고, 그것을 표현하셨다.

> "우리에게 있는 대제사장은 우리의 연약함을 동정하지 못하실 이가 아니요 모든 일에 우리와 똑같이 시험을 받으신 이로되 죄는 없으시니라. 그러

므로 우리는 긍휼하심을 받고 때를 따라 돕는 은혜를 얻기 위하여 은혜의 보좌 앞에 담대히 나아갈 것이니라." _ 4:15~16

이 말씀처럼 주님은 감정의 공격으로 인해 연약해진 우리를 이해하고 동정을 느끼신다. 그러므로 누구보다 우리들의 감정을 이해하시는 분이시기에 우리는 감정고백에 주저할 필요가 없다.

주님의 감정 표현은 그 자체가 기도였다. 근심과 걱정을 솔직하게 표현하면서 기도로 승화시키셨다. 예수님은 걱정을 기도로 바꾸셨고, 하나님의 뜻을 따르는 결단과 인내의 방편으로 삼으셨다(마 26:39). 보통의 기도는 "할 만하시거든 이 잔을 내게서 지나가게 하옵소서"라고 해야 맞는 이치다. 주님은 좀 더 확신에 찬 고백으로 "아버지의 원대로 되기를 원하셨다." 이것은 기도를 할수록 마음에 근심이 아닌 확신을 주시는 기도의 신비인 것이다.

걱정을 신세타령처럼 늘어놓은 것이 아니라 하나님께 드리는 기도로 승화시켜야 한다. 예수님의 기도를 기억하자. 예수님처럼 솔직하게 간구하자. 하나님은 상한 심령의 소리를 들으신다. 하나님은 우리를 다시 세워주신다. 그저 하나님께 매달리는 우리의 모습을 하나님은 긍휼히 여기신다. 오늘 살아있음에 감사하라. 그것이 축복이다. 어제 죽은 사람이 가장 부러워하는 것이 바로 오늘이다.

걱정 염려에서 승리하기

1. 하나님의 돌보심을 신뢰하라.
2. 걱정을 기도로 바꾸자. 전지전능하신 하나님께 구하라.
3. 오늘의 축복을 붙잡아라.

참고말씀_ 마 6:25-34

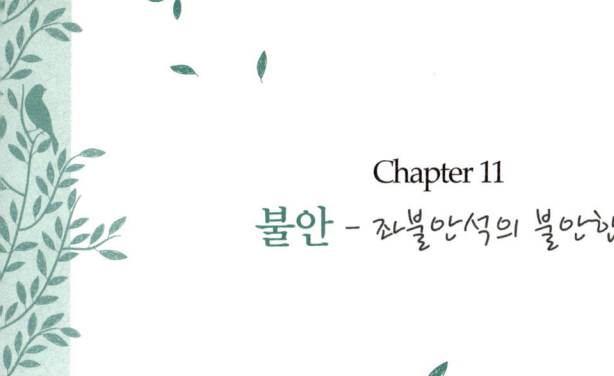

Chapter 11
불안 – 좌불안석의 불안함

미래로의 접근불가, 불안감

예전에 몸이 좋지 않아 입원한 적이 있었다. 어렸을 때부터 주사 맞는 것은 나에겐 공포였기에 병원 가는 것은 정말 싫었다. 그래서 지금도 병문안을 가려면 부담이 된다. 만약 나를 병원 목사로 부르셨다면 제대로 사역하기가 힘들었을 것이다. 그렇기에 여러 검사를 받으며 결과가 나올 때까지 기다리고 수술까지 해야 하는 입원은 내겐 고문이 되었다.

의사가 환자인 내 눈치를 살펴야 하는데 내가 의사를 살펴야 했다. 내 앞에서 의사의 표정이 좋지 않으면 긴장감은 최고조로 치솟았다. 특히 정확한 결과가 나와야 분명하게 알 수 있다는 말은 바늘로 찌르는 것 같았다. 혹시 '내게 무슨 문제가 있는 건 아닐까?' 하는 생각에 심장 박동은 더 커졌다. 마음이 쉽게 진정되지 못했다.

"3개월밖에 남지 않았다고 말하면 어쩌지? 그렇다면 누구에게 먼저 알려야 하나? 그 시간을 어떻게 보내야 할까?"

일단 병실에 앉아 먼저 해야 할 일을 정리했다. 가까운 사람들에게는 소식을 알려야 할 것 같아 명단을 만들었다. 그리고 버킷리스트와 일정을 세웠다. 유서가 아닌데도 비장한 각오가 생겼고 마음은 울적했다. 최종적으로 선교지로 가서 마지막 힘을 쏟아야겠다는 결심을 하였다.

며칠 뒤 받아든 검사결과는 아무 이상이 없었지만, 그때의 경험을 통해 불안이 사람에게 끼치는 영향이 무엇인지 알게 되었다. 불안감이 얼마나 사람을 애간장을 녹이고, 얼마나 사람을 끝 간 데 없이 만드는지 처절하게 터득하였다. 수술을 받기 위해 마취를 하면서 얼마나 많은 사람들이 '깨어나지 못하면 어떡하지?' 하며 불안해하는가!

사람은 누구나 불안하다. 인간은 완전한 존재가 아니기에 더욱 그렇다. 한자로 불안은 아닐 부(不)에 편안할 안(安)을 쓴다. 글자풀이 그대로 마음이 편안하지 않은 상태를 말한다. 시험을 치르기 바로 전에 느끼는 초초한 마음, 시험을 보고 난 뒤에 결과를 예상하며 뒤숭숭한 상태, 다가올 미래에 대한 위기적 의식 등이 불안이 갖는 속성이다.

불안과 비슷한 의미를 지닌 감정 표현의 단어들은 걱정, 근심, 염려 등이 있다. 불안감이 다른 감정과 구분되는 가장 큰 특징은 아직 일어나지 않은 일, 정확하지 않고 구체적이지 않은 현상에 대해 느끼는 감정이란 점이다. 한마디로 대상이나 이유가 뚜렷하지 않은 경우에 느끼는 감정이 대부분이란 사실이다.

실제로 우리는 불안으로부터 자유롭지 못하다. 갑자기 병이 생기면 어쩌나, 올해 안에 직장을 얻지 못하면 어쩌나, 사랑하는 사람이 헤어지자고 하면 어쩌나 하는 등등의 불안은 전방위적으로 우리를 괴롭히는 감정이다. 대상이 비교적 뚜렷한 두려움에 비해 불명확한 불안공포는 그래서 답답하고 갑갑하다. 대상이 뚜렷하지 않기 때문에 불안함을 느꼈을 때 떨쳐버리려 해도 제대로 해결하기 힘들다. 할 수 있는 게 별로 없어서다. 내 능력 밖의 것을 컨트롤해야 한다는 불안함이 삶의 무게를 더욱 가중시키는 것이다.

불안의 불명확성

　미국 로스엔젤레스에서 살 때의 일이다. 미국 서부는 지진의 위험이 도사리고 있다는 말을 들을 때마다 별 거 아닐 거라고 여겼다. 그러나 막상 처음 맞닥뜨리는 큰 지진이 닥치자 온몸에 소름이 돋고 전율을 느꼈다. 우리 가족은 지진이 주는 공포감에 모두 일시에 정신적 쇼크를 겪었다. 지축이 흔들리고 도시 전체를 마비시키는 자연재해 앞에 우리가 할 수 있는 일은 아무것도 없었기에 집밖으로 나와 지진이 물러가기만을 기도할 뿐이었다.

　다행히 지진이 멈췄는가 싶어 안정을 되찾았는데 더 큰 불안이 다시 온몸을 휘감아 버렸다. 애프터쇼크(aftershocks)라 불리는 여진이 계속 발생했기 때문이다. 진도 2도나 3도 정도 되는 약한 여진이었지만 받는 쇼크는 마찬가지였다. 조금씩 흔들림을 느낄 때마다 공포는 가중되어 우리 식구 모두를 움츠러들게 하였다. 다시 엄청난 강도가 몰려올 것만 같았고, 어떻게 피하고 어디로 가야 할지 대처방법이 없었기에 심장이 멈추고 혈관이 터지는 듯 했다.

　그때 깨달았다. 불안은 사람을 불구로 만든다는 사실이다. 불안은 아무것도 할 수 없는 마네킹으로 우리를 만들어 버린다. 깊숙하게 찾아온 불안감은 나쁜 결과만을 생각하게 만들기 때문이다. 얼마 전 우리나라에서도 예기치 못한 강진이 여러 차례 발생하였다. 이제 지진은 우리나라도 예외가 아닌 것 같아 국민 대피요령 교육이 요청된다.

어린 시절 애정결핍에 시달린 사람은 존재 가치에 대해 불안이 있다. 성장하면서 끊임없이 존재에 대한 의문을 품고 사랑을 받으려고 하고, 자신을 확인시키고 인정받으려고 한다. 그러다 상처받고 자존감을 외면당하면 분노로 폭발하게 된다. 어떤 사람은 학교 및 직장, 사회생활을 하면서 다른 사람과 비교하고 불안감을 느낀다. 경쟁에서 뒤처지는 것 같고, 성과에서 실적이 없고, 자신의 존재가 자꾸 위축되는 느낌을 받으면 불안해한다.

그런가하면 실패에 대한 불안감을 가진 사람도 있다. 사람은 누구나 완벽하지 못해 실수할 수도 있고 실패도 경험한다. 그러나, 불안감이 지나치면 실수와 실패를 두려워하여 시도조차 못하는 경우가 있다. 그 외에도 안전에 대한 불안, 물질의 결핍으로 인해 겪게 되는 불안 등 각자가 느끼는 불안의 요소는 다양하다.

그러나 주목할 만한 사실은 불안이라는 것은 결핍(부족함)에서만 오는 게 아니라는 것이다. 풍요(넉넉함)에서 오는 불안함도 있다. 비교적 풍족한 생활을 하는 어떤 성도가 있었다. 사업은 계속 번창

하고, 새로 시작한 사업도 잘되고 있다는 소식이 들려왔다. 교회에서 만날 기회가 있어 기쁜 마음으로 축하 인사를 건넸더니 근심스런 표정을 지었다.

"목사님, 불안해요. 요즘 너무 잘 되어서요. 이러다 뭔 일 생기면 어쩌죠?"

이 정도면 엄살로 들릴 수도 있겠지만, 기대 이상으로 너무 잘 풀려서 오히려 불안해지는 아이러니다. 지금의 행복이, 성공이 계속되지 않고 사라져 버릴 것 같은 불안감인 것이다.

불안한 감정은 우리 몸과 정서를 해치기 시작한다. 심장이 빨라지고 호흡이 가빠지며 가슴이 답답하고 땀이 나오며 소화기능 장애를 발생시킨다. 그리고 포기와 체념을 하게 하여 정상적인 활동을 중단시킨다. 현재의 삶을 정지시켜서 더 이상 나아가지 못하게 만든다. 무엇보다 정상적인 사고기능을 마비시켜 아무것도 할 수 없게 만든다.

불안함에서 벗어나는 영적 원리

불안은 완전하지 못한 우리의 모습을 단적으로 드러낸 감정이다. 완전하지 않다는 것을 인정하면 그나마 다행이지만 완벽을 추구하다보면 더욱 늪에 빠진 것처럼 우리를 옴짝달싹하지 못하게 만든다. 이러한 불안에서 벗어나기 위해서는 먼저 완전하지 못한 자신에 대한 완벽한 고백이 있어야 한다. 하나님은 우리의 연약함을 아시기에 도우심의 손길을 내민다.

사도 바울은 '우리의 연약함을 도우시는 성령님'에 대해 로마에 있는 이들에게 편지를 썼는데, 마땅히 우리가 기도할 바를 알지 못할 때 성령께서 탄식하며 기도를 해주신다는 말씀으로 위로를 보냈다.

> "이와 같이 성령도 우리의 연약함을 도우시나니 우리는 마땅히 기도할 바를 알지 못하나 오직 성령이 말할 수 없는 탄식으로 우리를 위하여 친히 간구하시느니라. 마음을 살피시는 이가 성령의 생각을 아시나니 이는 성령이 하나님의 뜻대로 성도를 위하여 간구하심이니라." _ 롬 8:26~27

여기서 연약함이라는 표현은 흔히 알고 있는 약함과는 다른 의미다. 약함이란 것은 어렵지만 노력해서 회복될 수 있는 상황을 말하는 것이라면, 연약함은 노력해도 회복이 되지 않는 상황을 의미한다.

그 이유는 상한 감정의 치유는 우리의 의지로써는 해결되지 않는 것도 있기에. 우리 감정의 어떤 부분에서는 성령님의 특별한 치료하심이 필요하기 때문이다. 마음에 변화를 받으면 과거에 잘못 형성된 감정을 쉽고 깔끔히 치료하고 삶을 새롭게 출발할 수 있다.

불안함을 느낄 때도 마찬가지다. 연약함 때문에 불안할 수밖에 없는 우리의 감정을 주님의 도우심으로 벗어날 수 있다. 연약함이란 헬라어 단어 '아스데네오'(ασθενεω)는 현재분사시제로 계속 진행되는 상태를 의미하는데, 누군가의 도움 없이는 그 상태에서 벗어날 수 없는 상태를 말한다. 성경에서 이 단어를 사용할 때는 '돕다'라는 의학적 의미까지 내포하고 있는데, 한쪽에서 붙들어주시는 주님의 권능을 표현할 때 사용한다. 예수님의 치유 사역에 많이 사용된 단어다.

사도 바울 역시 자신의 약함을 주님 앞에 털어놓았을 때 승리가 임했다. 전도여행을 하면서 여러 고난과 역경은 물론 육체에 가시가 있어 더 힘들었다. 바울은 사탄의 사자라고 심정을 밝혔지만, 너무 자만하지 않도록 하는 하나님의 붙드심이라 생각하고 더욱 기도했다(고후 12:7-10; 갈 4:13-14). 물론 육체의 가시가 떠나가게 기도했던 적도 있었지만, 자신의 연약함을 하나님께서 잘 알고 계신다는 사실을 깨닫고 은혜의 교훈으로 여겼다.

> "나에게 이르시기를 내 은혜가 네게 족하도다 이는 내 능력이 약한 데서 온전하여짐이라 하신지라 그러므로 도리어 크게 기뻐함으로 나의 여러 약한 것들에 대하여 자랑하리니 이는 그리스도의 능력이 내게 머물게 하려 함이라." _ 고후 12:9

바울은 자신의 연약함을 고백함으로, 자신의 연약함을 통해 그리스도의 능력이 강하게 나타나게 된다는 사실을 깨닫고 그 연약함으로 인해 찾아오는 불안에서 승리할 수 있었다. 그는 자신의 연약함을 사람들에게 자랑하여 위로를 주었고, 더욱 믿음에 확고히 설 수 있도록 권면하였다.

그러므로 불안함으로 인해 아무것도 할 수 없을 때, 그것을 느끼고 있는 자신의 연약함을 고백하며 나아가야 한다. 그리고 불안함을 가져다주는 원인을 찾고 떨쳐야 한다. 장래의 일이 불안하다면 계획을 세우고 노력해야 한다. 물질 때문에 불안하다면 자신의 형편에 맞는 생활로 대처해야 한다. 무엇보다 정확하게 필요한 것을 기도해야 하나님께서 지혜를 더하셔서 그 방법을 찾도록 이끄신다. 바울이 간구했던 육체의 가시를 제하여 달라는 기도에 하나님은 그것을 거두신 것이 아니라 복음 증거에 사용토록 하셨다.

불안에서 벗어나는 영적 원리의 다음 단계는 믿음으로 반응하는 것이다. 우리가 연약함을 고백할 때에 하나님은 그 연약함을 해소할 수 있도록 길을 예비해 놓으셨다는 것을 믿어야 한다. 하나님께서는 이스라엘 백성에게 광야를 걷게 하셨지만, 늘 그 길을 예비해놓으시고, 모든 역경 속에서도 보호하여 주셨다(신 8:2-4). 이처럼 우리가 불안을 느낄 때 나의 연약함을 지키시고 보호하시는 은총을 간구해야 한다. 자신의 연약함을 불평하는 것이 아니라 솔직히 드러내어 성령의 도우심을 받아야 불안의 감정은 사라지고 순종하는 믿음의 사람으로 변화된다.

우리는 불완전한 존재다. 불안하고 두렵고 한 치 앞을 내다볼 수 없다. 당장 방문을 열고 나가는 순간 어떤 일이 벌어질지, 내가 컨트롤해서 바꿀 수 있는 일은 거의 없다. 불확실한 미래에 대한 불안함, 어떻게 될지 모르는 의문투성이의 삶을 인정해야 한다. 나의 연약함을 아시고 그에 따른 필요를 채워주시는 하나님을 믿고 반응할 때 불안함은 사라진다. 불안감은 물음표이고 믿음은 마침

표다. 믿음이란 마침표를 찍어야 한다.

> **불안함에서 승리하기**
>
> 1. 불안을 느끼는 연약함을 고백하라.
> 2. 불안을 통한 필요를 간구하라.
> 3. 주신 은혜를 기억하고 믿음으로 대답하라.
>
> 참고말씀_시 43:5

Chapter 12
절망 - 마음이 상한 이들

절망한 사람들의 모습

엘리야는 이스라엘의 위대한 지도자로서, 성경의 대표적인 선지자로 추앙받고 있다. 에녹과 더불어 죽지 않고 하늘로 올라간 사람이다. 당시 왕 아합은 이방신을 섬기는 여인을 아내로 맞이하여 하나님 대신 바알을 숭배했다. 이스라엘의 타락과 우상숭배가 극에 달하자 그가 전면에 나서 예언을 했다.

"어느 때까지 그대들이 우상을 섬기겠는가?"

엘리야는 우상을 섬기는 아합을 찾아가 담대하게 결전을 선포한다. 왕비가 데려온 바알과 아세라를 섬기는 사제와 대결하겠다고 제안한다. 몇 해 동안 비가 내리지 않는 가뭄 해소를 위해 각자의 신에게 기도하여 누가 참된 신인지 가리자는 것이었다. 규칙은

송아지의 각을 떠서 나무 위에 놓고, 이에 불로 응답하는 신이 승리하는 것으로 정했다. 엘리야는 혈혈단신으로 나가 바알과 아세라를 섬기는 선지자 850명과 갈멜산에서 대결하였다.

먼저 바알 선지자들이 바알의 이름을 날뛰듯 부르짖어도 응답이 없자 자해를 하면서 그들의 신을 찾았지만 공허한 메아리만 되고 말았다. 반면 엘리야는 여호와의 이름을 의지하여 제단을 쌓고 기도하여 제물은 물론 제단까지 모두 태우는 응답을 받았다. 이에 엘리야는 우상을 섬기던 선지자들을 모두 기손 시내로 끌고 가서 죽였다. 그리고 엘리야는 갈멜산 꼭대기로 올라가 무릎 사이에 얼굴을 넣고 간절히 기도하였다. 드디어 한 조각의 구름이 떠올랐고, 조금 후에 구름과 바람이 일어나서 큰 비가 내렸다. 엘리야는 명성에 걸맞게 위대한 선지자의 모습을 보여주며 하나님의 권능을 온 세상에 드러내었다.

이 사건으로 인해 그는 이스라엘 백성에게 신망을 얻었다. 그러나 아합에게 자초지종을 들은 이세벨은 엘리야를 죽이겠다고 사신을 보냈다. 이에 엘리야는 용기와 배짱을 상실하고 생명이 위태롭다는 생각에 광야 깊숙한 곳으로 몸을 숨겼다. 생명의 위협과 핍박 앞에서 엘리야의 담대함과 믿음은 봄 눈 녹듯 자취를 감추었다. 절망에 찌들어 로뎀 나무 아래 엎드려 죽기를 청하는 평범하고 용렬한 사람이 되었다.

"여호와여, 지금 내 생명을 거두시옵소서. 나는 내 조상들보다 낫지 못하니이다." _ 왕상 19:4

절망은 사람의 존재 목적과 의미를 앗아간다. 엘리야는 절망감에 빠져 죽는 편이 낫다는 생각을 하게 되었다. 그릿 시냇가에서는 하나님이 까마귀를 시켜 먹을 것을 조달하셨지만, 이번에는 천사를 통해 직접 먹을 것을 제공하여 원기를 회복시키셨다. 그리고 호렙산으로 이끄셔서 다시 위대한 선지자로 세워주셨다. 엘리야의 이야기는 한순간의 낙심과 절망이 사람을 피폐시키는 전형을 보여주고 있다.

요즘 사회면에 오르내리는 언론기사를 보면 이루 헤아릴 수 없는 많은 사람들이 낙심하며 살고 있는 모습을 짐작할 수 있다. 여전히 사회구조적인 문제는 해소되지 않았고, 오히려 사람들의 절망감은 공격성을 띠고 각종 범죄로 이어지고 있다.

몇 해 전에도 원주의 초등학교 4학년 여학생이 아파트에서 투

신한 사건이 있었다. 인터넷에서 '안 아프게 죽는 법'을 검색했지만 그 어머니는 그것을 대수롭지 않게 여겼다고 한다. 여학생은 '미안하다. 사는 게 힘들어서 그랬다'라고 적힌 메모를 남겼다. 요즘 이런 사건사고가 워낙 많다보니 무감각하게 느끼는 현실이 안타까울 뿐이다.

우리나라는 자살공화국이란 별명이 붙을 정도로 자살률이 높다. 우리나라 통계는 2014년 기준, 하루 평균 37.9명이 자살하는 것으로 나타나있다. 특히 경제개발협력기구의 회원국 중에서 13년 연속 1위를 차지할 정도로 심각하지만 예방과 대처방안은 요원하기만 하다. 자살의 이유는 절망감에서 비롯된다.

절망을 느끼는 이유가 다양하겠지만, 우리 사회가 지닌 경제적인 구조, 무한경쟁 분위기가 한 요인이 될 수 있다. 도태와 패배 의식에 사로잡혀 관계를 차단해버린다. 자신이 냉대 받고 있다는 생각이 독버섯처럼 퍼져나가 감정이 마비되기 때문이다.

실존주의 철학의 선구자로 평가받는 덴마크의 키에르케고르(Søren Kierkegaard, 1813-55)는 일찍이 "절망은 죽음에 이르게 하는 병이다"라고 했다. 또한 희망의 신학자로 불리는 독일의 신학자 위르겐 몰트만(Jürgen Moltmann, 1926-)은 "절망은 재앙을 부르는 가장 나쁜 죄"로 지적하였다. 하나님은 우리가 어떤 상황 속에서도 포기하지 않고 희망을 간직하도록 활동하고 계신다. 절망감으로 인한 자살률이 가장 높다는 수치는 그만큼 절망이 주는 위험성을 단적으로 보여주고 있다.

낙심의 공격

앞서 언급한 〈미생〉이란 드라마는 직장인들의 애환을 실감나게 표현하여 높은 시청률을 기록했다. 이에 원작자 윤태호 씨는 "우리의 삶은 어제나 오늘이나 크게 다르지 않다. 고민하고 갈등하며 고독해진 우리를 그리는 데 힘쓸 것"이라고 하면서 후속편을 발표하였다. 우리와 너무도 닮은, 평범한 아니 평범 이하의 사람이 절망적인 상황을 스스로 극복해 나가는 과정을 통해 현실에서 치열하게 생활하고 있는 자신을 발견하고 위로받기 때문이다. 그래서 '직장인 드라마'라고 불렸다.

이 드라마가 호응을 받은 이유는 암울한 현실만을 그린 것이 아니라 그래도 열심히 일하고 내일을 꿈꾸는 희망이 있기 때문이다. 시청자들은 신입사원인 주인공의 성장을 보면서 대리만족을 느낄 수가 있었다. 주인공 장그래(임시완)는 다른 인턴사원 보다 내세울 것이 없었다. 인터넷 포털사이트에 소개된 주인공의 프로필을 요약한다.

영업3팀 신입/ 26세/ 한때는 바둑 영재, 지금은 고졸 낙하산. 뛰어난 외국어 구사와 특기가 필수인 사람들만 모인 종합상사에 뚝 떨어진 미운오리 새끼다. 고졸 검정고시 출신, 군대 미필자에게 취업은 불가능했다. 22살에 바둑 후원자인 사장의 도움으로 회사에 취직했지만, 결국 그만두고 군대로 도피했다. 제대 후 세상은 더 화려해진 스펙 특기자들로 번쩍거렸고 그의 하루는 앞이 보이지 않았다. 그러던 어느 날 기적 같은 기회가 왔다. 대기업 종합상사 [원 인터내셔널]에 인턴사원으로 입사하라는 제안. 과연 그가 이 승률제로의 전쟁에서 살아남을 수 있을까?

아니나 다를까? 인턴십인 그는 대놓고 무시를 당한다. 다른 인턴 동료가 정규직으로 발령받지만 비정규직 꼬리표가 떨어지지 않고 차별과 편견에 시달린다. 그는 여러 번 절망에 빠진다. 앞이 보이지 않는 현실에 탈출구가 없다.

"차장님, 이렇게만 하면 정규직이 될 수 있나요? 열심히만 하면

되지요?"

"아니. 아마 안 될거야. 넌 아무리 해도 정규직이 될 수 없어."

정규직의 희망을 품고 누구보다 열심히 업무에 충실하고 직장에 최선을 다했지만, 늘 헛김 빠지는 소리에 낙심에 빠진다. 낙심은 떨어질 낙(落), 마음 심(心)을 한자로 표기한다. 장그래의 마음은 한자의 의미처럼 바닥으로 뚝 떨어졌다.

낙심은 바로 이런 것이다. 낙심한 감정상태에 대해 성경은 잘 묘사하고 있다. "사람의 심령은 그의 병을 능히 이기려니와 심령이 상하면 그것을 누가 일으키겠느냐"(잠 18:14)는 말씀처럼 낙심은 심령을 상하게 하여 다시 일어나는 것을 힘들게 한다. 심령이 상한다는 것은 소망이 없다는 것으로, 앞이 보이지 않는 것처럼 캄캄하고 막막한 상태를 말한다. 그래서 낙심은 절망을 동반하여 신앙과 이성을 마비시켜 어려운 상황까지 가게 만든다.

마음이 떨어져 아무것도 붙잡을 것이 없는 상태에는 의욕도 용기도 열정도 생기지 않는 자포자기 상태가 되기 때문이다. 혈혈단신 절망에 휩싸였던 엘리야를 이미 살펴보았다. 또한 대적자의 무리에게 황망하게 쫓겨 다니던 시편 기자의 고백을 통해서도 확인할 수 있다.

시편 13편은 낙심한 사람의 심정이 제대로 표현되어 있다. 전체 6절밖에 안되는 말씀 속에 "어느 때까지니이까"라는 울부짖음이 네 번이나 반복된다.

> "여호와여 어느 때까지니이까 나를 영원히 잊으시나이까 주의 얼굴을 나에게서 어느 때까지 숨기시겠나이까. 나의 영혼이 번민하고 종일토록 마음에 근심하기를 어느 때까지 하오며 내 원수가 나를 치며 자랑하기를 어느 때까지 하리이까." _ 1~2절

이 말씀에서 시편 기자가 받았던 상처와 낙심이 느껴진다. 그는 관계를 통해 겪는 자신의 어려움을 토로하였다. 하나님이 가만히 계시는 건 아닌지 신앙이 흔들리고 있음을 볼 수 있다.

여기서 낙심의 감정이 지닌 위험을 볼 수 있다. 낙심은 하나님과의 관계마저도 힘들게 만든다. 무기력해진 자신은 그렇다 쳐도 그 순간마저 침묵하고 계시는 하나님을 향해 원망과 자괴감이 들어 신뢰하지 못하기 때문이다.

또한 낙심이 위험한 이유는 현실을 부정함과 동시에 현실에서 손을 놓아버리고 싶은 생각이 들도록 충동질하기 때문이다. 그래서 절망감에 빠진 이들은 사는 이유를 찾지 못하고 죽지 못해서 산

다는 말을 입에 달고 있는 것이다.

  사람들이 낙심하는 원인은 다양하다. 누군가에게 자신이 멸시 당하고 자존심과 가능성이 짓밟혀버릴 때, 누군가에게 평가받아 상대적으로 열등감을 느낄 때, 열심히 노력했지만 자신이 원하는 목표를 성취하지 못했을 때 낙심할 수 있다. 자의든 타의든 현실에서의 부정적인 자기판단과 미래의 불확실성으로 마음이 바닥으로 떨어진다. 하나님께서 허락하신 환경에서 낙심하는 것은 믿음의 결핍은 물론 하나님께 죄를 짓게 만든다. 중요한 것은 그 마음을 재빨리 알아차려 감정을 컨트롤하는 노력이 중요하다. 낙심은 위대한 하나님의 영광을 차단시킨다.

  모세가 이스라엘 백성을 인도할 당시 열두 명의 정탐꾼을 가나안으로 보냈다. 여호수아와 갈렙은 믿음으로 모세에게 보고했지만 나머지 열 명은 신장이 장대한 그 땅 사람들의 모습을 보고 낙심하여 스스로 자신들은 메뚜기 같다고 하면서 믿음의 결핍을 나타냈다(민 13장).

  낙심은 자신을 가장 밑바닥에 떨어뜨려 현실 가운데 자신의 가장 약한 부분을 보게 하여 우리를 무기력하게 만든다. 낙심은 마음의 힘을 잃는 것이다. 육체가 힘을 잃은 것보다 더 무서운 것이다.

"모든 지킬 만한 것 중에 더욱 네 마음을 지키라 생명의 근원이 이에서 남이니라." _ 잠 4:23

긍휼을 통해 낙심에서 벗어나기

성경에서 가장 잘 알려진 이야기, 잃은 아들을 되찾은 아버지의 비유를 알고 있는가? 바로 돌아온 탕자이야기다(눅 15:11-32). 어떤 사람에게 아들 둘이 있었는데 그 둘째가 어느 날 자신에게 돌아올 분깃을 미리 달라고 요청을 하였다. 이에 아버지가 요청을 들어주자 둘째 아들은 모든 재물을 가지고 먼 나라로 떠났다. 고삐 풀린 망아지처럼 허랑방탕한 둘째 아들은 그 재산을 모두 탕진하였다. 궁핍해지자 돼지를 치며 쥐엄 열매로 배를 채우고자 해도 주는 사람이 없어, 스스로 돌이켜 아버지에게로 돌아왔다.

아버지는 노심초사하며 둘째를 걱정하며 기다리다가 알거지가 되어 돌아오는 아들을 발견하고 측은히 여겨 달려가 목을 안고 입을 맞추며 반갑게 맞이하였다. 자신의 손에 낀 반지를 빼어 아들에게 끼워주고, 발에 신을 신겼다. 그리고 살진 소를 끌어다가 잡게 하여 잔치를 베풀면서 이루 말할 수 없는 큰 기쁨을 나누었다.

라 불리는 렘브란트(Rembrandt van Rijn, 1606-69)의 명화 〈돌아온 탕아〉를 보면 아버지의 사랑을 따뜻하게 느낄 수 있다. 아버지의 자애로운 얼굴과 따뜻한 손길을 밝게 표현하여 큰 감명을 준다. 아들을 괘씸하게 여기고 문전박대하여 내쫓을 수도 있었겠지만 아버지는 아들을 측은히 여겼다. 비렁뱅이로 돌아온 아들을 보는 순간, 그동안 아들이 겪은 마음의 고통을 알아차렸다. 사람들에게서 당한 수치와 모욕뿐만 아니라 아들의 내면도 보았다. 많은 재물을 낭비하고 느꼈을 허탈감과 사람들에 대한 분노 그리고 죄책감, 무엇보다 그런 감정의 소용돌이를 용케 견디고 아버지를 찾아온 아들을 긍휼히 여겼다. 아들의 잘잘못을 따지지 않고 그대로 수용한 것이다.

아들이 그동안 느꼈던 세상에서의 절망감이 한순간에 치유 되는 순간이다. 나를 지으신 분이 나를 긍휼히 여기고 있음을 느낄 때 절망은 희망으로 바뀐다. 아무것도 묻지 않으시고 목을 끌어안아주시며 받아주시고 잔치를 벌이는 아버지의 모습은 바로 우리 하나님 아버지의 모습이다. 하나님 아버지께 나갈 때 우리의 절망과 낙심을 떨칠 수가 있다.

낙심이 밀려올 때는 무조건 하나님 앞으로 나아가야 한다. 이미 마음이 나락으로 떨어졌기에 그 모든 것을 포용해주시고 측은히 여겨주시는 분께 가야만 치유 받을 수 있다. 그때 아무것도 묻지 않고 안아주시고 잔치를 베풀어주시는 긍휼을 입게 된다. 아무도 위로해 줄 자가 없다는 것을 직시하는 것은 긍휼함을 입는 출발이 된다. 자기에게 아무도 없음을 발견해야 하나님 아버지께서 함께하고 계심을 깨닫게 되기 때문이다.

하나님의 긍휼하심은 성경의 여러 곳에서 확인할 수 있다. 시편 13편을 살펴보면 다윗은 탄식과 절망 속에서 하나님의 긍휼하심을 깨닫고 고백했다. "나는 오직 주의 사랑을 의지하였사오니 나의 마음은 주의 구원을 기뻐하리이다"(5절). 이 고백에서 가장 중요한 단어는 하나님의 사랑이다. 개역한글판 성경은 '주의 사랑'을 '여호와의 인자하심'으로, 영어 성경은 'mercy'(KJV)란 단어를 사용했는데, 모두 하나님의 긍휼하심을 표현하고 있다.

여기서 표현된 '사랑'이란 단어는 히브리어로 '헤세드'다. 이 단어는 하나님의 언약적인 사랑, 즉 신실하고 변하지 않는 의미를 내포하고 있다. 다윗은 그 언약적인 사랑을 믿었고 그가 어려울 때마다 신실하고 변하지 않는 하나님을 의지했다. 하나님은 이미 약속하셨기에 수렁과 환난에서 건지고 지켜주셨다.

절망에 처했을 때 하나님은 우리를 긍휼하게 여기심으로 약속하신 사랑을 주신다. 그러므로 나를 불쌍히 여기는 하나님의 마음을 의심하지 않아야 한다. 구약의 시대를 넘어 신약을 사는 우리에게는 헤세드의 사랑이 예수 그리스도의 사랑으로 나타났다. 십자가에서 죽으심으로 우리를 향한 자신의 사랑을 확증하신 예수님, 그 예수님의 사랑이야말로 영원한 헤세드가 되며 우리를 긍휼히 여기실 충분한 이유가 된다.

미국에서 목회를 할 때 경험했던 잊지 못할 추억이 있다. 한 집사님이 암으로 투병 중에 있었다. 나를 비롯한 온 성도가 쾌유를 위해 기도했다. 교회에서 기도가 끊이지 않았다. 어느 날 반가운 소식이 전해졌다. 고생하던 집사님이 병원에서 검진을 받았는데 암이 사라졌다는 것이었다. 온 교회가 기뻐했다.

그런데 얼마 지나지 않아 안 좋은 소식이 들려왔다. 다른 쪽으로 암이 전이되었다는 것이다. 정말 담임목사로서 마음이 무거워졌다. 어떻게 집사님을 위로하고 교인들에게 설명해야 좋을지 떠오르지가 않았다. 안타까운 마음으로 심방을 갔더니 온 가족이 실망과 낙심으로 가득했다. 그 후로도 여러 번 문병을 갔지만, 상태가 악화되는 모습을 보면서 제대로 위로를 표할 수가 없었다. 목회자로서 너무 힘들었다.

결국 퇴원하여 집으로 돌아왔다는 연락을 받고 가정예배를 드리러 가게 되었다. 환자는 물론 가족에게 어떤 위로를 해야 좋을지 마땅한 표현이 없었지만 하나님은 내 입술에 그 가족의 마음을 대변하는 고백을 붙여주셨다.

"주님, 지금 너무 힘듭니다. 앞이 보이지 않습니다. 점점 나빠져서 무슨 말을 해야 할지도 모르겠습니다. 아니, 붙잡을 수 있는 것이 아무것도 없습니다."

"하지만 주님, 그래도 하나님 밖에 없습니다. 불쌍히 여겨주실 분은 하나님 밖에 없습니다."

생명이신 하나님께 맡기는 방법 밖에는 없었다. 우리가 붙들 분은 하나님뿐이시기에, 끝까지 긍휼히 여기시는 하나님께서 그 집사님과 가족들의 마음을 붙잡아 주시길 바랄 뿐이었다. 모두 눈물로 기도했다. 집사님은 회복되지 않았다. 얼마 후 천국으로 가셨다. 인간적으로는 모두 슬펐지만, 가족들이 평안을 찾고 어려운 가운데서도 감사할 수가 있었다.

"내 고초와 재난 곧 쑥과 담즙을 기억하소서. 내 마음이 그것을 기억하고 내가 낙심이 되오나, 이것을 내가 내 마음에 담아 두었더니 그것이 오히려 나의 소망이 되었사옴은, 여호와의 인자와 긍휼이 무궁하시므로 우리가 진멸되지 아니함이니이다." _ 애 3:19~22

여기서 쑥과 담즙은 쓴 고초와 각종 재난을 의미한다. 예레미야는 고초와 재난을 통해서 하나님의 긍휼을 발견하였다. 보약처럼 결국은 입에 쓴 그 모든 아픔이 놀라운 하나님의 긍휼이 되게 하신다. 하나님은 인자하심과 긍휼을 베푸심으로 우리에게 손을 내미신다. 낙심에서 건져 소망으로 바꾸어주시고 진멸시키지 않는 분이기에 우리는 믿고 나아가야 한다.

신실하심의 위로

성경에는 '신실함'이란 단어가 심심찮게 등장한다. 성경에서 하나님과 관련하여 쓰일 때는 하나님의 영원불변한 사랑과 하나님의 인격을 설명하는 의미로 사용된다. 우리말로 표현하자면 믿음직스러운, 신뢰할만한 등으로 해석할 수 있다. 그러나 이 설명들이 온전한 하나님의 신실함을 담아내지 못한다. 왜냐면 하나님의 완전한 인격 앞에 이 단어들은 때에 따라서 충분히 그 뜻을 전달하지 못하기 때문이다. 인간의 언어로 어떻게 하나님을 설명할 수 있겠는가?

다시 정리하면 신실함은 어떠한 상황에서도 변함없고, 신뢰할 수 있는 존재에게만 표현할 수 있는 단어다. 바로 우리 주님이 그러하시다. 낙심으로 인해 마음이 곤고할 때는 모든 의욕이 사라진다. 삶의 의미가 없기 때문에 무기력에 빠진다. 이때 하나님의 도우심과 돌보심이 필요하다. 신실하신 하나님을 붙들고 일어나야 한다. 끝까지 책임져주시는 주님의 신실하심이 낙심에서 벗어나게 만드는 원동력이 된다.

신실하신 하나님을 붙잡고 낙심에서 벗어난 시편 기자는 이렇게 고백했다.

"내 하나님이여 내 영혼이 내 속에서 낙심이 되므로 내가 요단 땅과 헤르몬과 미살 산에서 주를 기억하나이다." _ 42:6

시인은 절망감을 계속 표현했지만, 하나님을 기억할 것을 맹세

했다. 이것이 감정치유의 처방전이다. 시인은 낙심하고 불안해하는 자기 자신에게 주님이 계신 것을 스스로 각인시켰다. 시편 기자는 그곳에서 자신과 세상을 향해 완전한 사랑을 베푸신 주님을 기억하고 그 신실하심을 붙잡고 가겠다는 의지를 보였다. 낙심과 불안이 엄습했지만, 자신의 전 존재를 하나님께 드렸다. 신실하게 은혜를 베푸셨던 하나님을 생각했다.

그러므로 낙심되어 절망스러운 상황에 처했을 때 인간적인 방법과 수단을 동원하는 것보다 언제나 신뢰할 수 있는 하나님을 기억해야 한다. 변하기 쉬운 세상의 원리를 따르는 것이 아니라 기도로 나아가야 한다. 신실함이 부어주는 은혜를 느낄 때 절망은 사라진다.

낙심에서 승리하기

1. 하나님의 긍휼하심을 의지하라.
2. 하나님의 신실하심을 기억하라.

_참고말씀_시 13:1-6

 에필로그

고백이 가져온 기적

고백은 용기를 필요로 한다.
나를 나로부터 드러낼 수 있는 의지,
스스로를 감정으로부터 한걸음 떨어져 있도록 만드는 절제,
그럼에도 그분 앞에 한걸음 다가서려는 간절함이
용기 있는 고백을 만든다.

고백은 우리가 상상할 수 없는 놀라운 결과를 가져온다. 하나님 앞으로 나아가기만 하면 우리의 상한 모든 감정을 치유 받고 회복할 수 있다. 우리의 생명과 마음을 주님께서 어루만져주시기 때문이다.

일본 최고의 작가로 「빙점」을 쓴 미우라 아야코(三浦綾子, 1922-99)는 평생 폐결핵을 달고 육체적 고통의 삶을 살았다. 인생의 황금기라 할 수 있을 24살 때부터 폐결핵과 척추골양으로 인해 13년

간을 거의 침대에서 요양생활을 했다. 육체적인 아픔도 컸겠지만 그녀가 겪었을 여러 가지 감정의 고통은 정말 그녀를 힘들게 했다. 그런데 요양을 하면서 주님을 만나 기독교인이 되었다. 그녀는 마음에 안정이 찾아오자 글을 써서 기독교잡지에 투고하였다. 그녀는 고통 속에서 밝은 모습을 잃지 않고 아름다운 글로 사람들에게 주님의 사랑을 소개했다.

어떻게 그럴 수 있었을까? 그녀는 하나님 앞에 자신의 마음을 솔직하게 고백함으로 승리의 삶을 살 수 있었다고 밝혔다. 그녀는 고통 속에 하나님의 뜻이 있다는 것을 발견하고, '아프지 않으면'이란 시를 즐겨 암송하면서 감사한 마음으로 더욱 하나님을 의지하였다. 그녀의 고통은 기도로 승화하여 많은 사람들에게 위로와 용기를 주고 있다.

> 아프지 않으면 드리지 못할 기도가 있다.
> 아프지 않으면 듣지 못할 말씀이 있다.
> 아프지 않으면 접근하지 못할 성전이 있다.
> 아프지 않으면 우러러보지 못할 거룩한 얼굴이 있다.
> 아아, 아프지 않으면 나는 인간일 수 없다.

하나님은 모든 것을 아시고 모든 것을 하실 능력이 있지만 우리의 순결한 고백을 통해 드러나는 연약함을 위로해주기 원하신다. 고백은 부서진 우리의 감정을 회복하여 하나님께 더욱 다가가게 한다. 이러한 관계회복 과정을 통해 비로소 하나님과 우리의 친밀함은 깊어져서 자신의 전 존재를 주님께 드릴 수 있게 된다.

그러므로 우리는 끊임없이 하나님 앞에 있는 모습 그대로, 있는 감정 그대로 솔직히 나아가야 한다. 신앙인이라면 누구나 누릴 수 있는 고백의 기적을 체험하고, 나를 변화시키는 놀라운 신비의 특권을 누리게 될 것이다.

"여호와는 은혜로우시며 긍휼이 많으시며 노하기를 더디 하시며 인자하심이 크시도다" _ 시편 145:8

21c 교회성장과 축복의 통로

교회진흥원은 기독교한국침례회 총회의 교육, 문서선교 기관으로서 교회의 교육, 목회, 선교활동에 관한 실제적인 연구와 프로그램 개발, 기독교 정보를 제공하고, 자료 출판 및 보급사역을 하고 있습니다.

- 각 연령별 교회학교 공과, 구역공과, 제자훈련 교재, 음악도서를 기획, 출판하고 이와 관련된 각종 강습회를 실시합니다.
- 요단출판사를 운영하며 매년 70여 종의 각종 신앙도서와 제자훈련 교재를 기획, 출판합니다.
- 서울과 대전에 직영서점을 운영하고 있습니다.

 ### 요단출판사의 사역정신

그리스도인들의 올바른 신앙성장과 영성 개발에 필요한 신앙도서를 엄선하여 출판, 보급함으로써 이 땅에 하나님나라 확장을 위해 헌신하고 있습니다.

- **F**or God For Church
  하나님과 교회의 유익을 위하여 도서를 기획 출판합니다.
- **O**nly Prayer
  오직 기도뿐이라는 자세로 사역합니다.
- **W**ay To Church Growth & Blessings
  교회성장과 축복의 통로가 되기 위해 사명을 감당합니다.
- **G**ood Stewardship & Professionalism
  선한 청지기와 프로정신으로 사역합니다.
- **C**reating Christianity Culture & Developing Contents
  각종 문화 컨텐츠를 개발함으로 기독교 문화 창달에 기여합니다.

직·영·서·점

요단기독교서적 교회용품센타　서울특별시 서초구 신반포로 205 반포쇼핑타운 6동 2층
TEL 02)593-8715~8 FAX 02)536-6266 / 537-8616(용품)

대전침례회서관　대전광역시 동구 태전로 16
TEL 042)255-5322, 256-2109 FAX 042)254-0356

요단인터넷서점　www.jordanbook.com

"그러므로 너희는 가서 모든 민족을 제자로 삼아 아버지와 아들과 성령의 이름으로 침(세)례를 베풀고 내가 너희에게 분부한 모든 것을 가르쳐 지키게 하라 볼지어다 내가 세상 끝날까지 너희와 항상 함께 있으리라 하시니라."_마 28:19~20